CB122140

SISTEMA FINANCEIRO
O desafio da concorrência

SISTEMA FINANCEIRO
O desafio da concorrência

Organizador:

Daniel K. Goldberg

Colaboradores:

Alberto Heimler

Caio Mário da Silva Pereira Neto

Cristianne Saccab Zarzur

João Manoel Pinho de Mello

José Inácio de Almeida Prado Filho

Luiz Carlos Delorme Prado

Ricardo Villas Bôas Cueva

2008

EDITORA SINGULAR

Dados Internacionais de Catalogação na Publicação (CIP)
(Câmara Brasileira do Livro, SP, Brasil)

S495 Setor financeiro: o desafio da concorrência. / Daniel K. Goldberg (Org.). São Paulo: Singular, 2008.

164 p.
ISBN: 978-85-86626-33-3

1. Concorrência, regulação, Brasil. 2. Direito da concorrência, Brasil. 3. Bancos, regulação, Brasil. 4. Política antitruste, Brasil. 5. Truste, Brasil. 6. Sistema financeiro, regulação, Brasil. 7. Mercado de capitais, regulação, Brasil. 8. Sistema financeiro, Brasil. I. Heimler, Alberto. II. Pereira Neto, Caio Mário da Silva. III. Zarzur, Cristianne Saccab. IV. Mello, João Manoel Pinho de. V. Prado, Luiz Carlos Delorme. VI. Cueva, Ricardo Villas Bôas. VII. Título.

CDU: 339.13(81) CDD: 342.233

Revisão: Paola Morsello
Diagramação: Microart – Com. Editoração Eletrônica Ltda.
Capa: Estúdio Graal

Editora Singular
Rua José Nobrega Barbosa nº 100
CEP 02336-090 – São Paulo – SP
Tel/Fax: (11) 3862-1242
www.editorasingular.com.br
singular@editorasingular.com.br

APRESENTAÇÃO

Muito temos discutido, ao longo dos anos, se o Sistema Brasileiro de Defesa da Concorrência pode, ou deve, exercer jurisdição sobre fusões, aquisições e práticas comerciais adotadas pelos agentes do Sistema Financeiro Nacional. A despeito dos méritos evidentes desse debate, acabamos atraídos pela questão de *qual órgão* é responsável pela formulação da política de concorrência, deixando de lado a questão mais importante de *qual política* deveria ser implementada, seja por intermédio do Banco Central do Brasil, seja por intermédio dos órgãos antitruste. Essa é a lacuna que este livro procura preencher.

Em primeiro lugar, os trabalhos que compõem o livro não se restringem apenas à competição bancária, conquanto esta seja um dos seus temas centrais. Assim, procurou-se tratar de outras questões, em especial a que diz respeito ao mercado de cartões de crédito: a regulação antitruste do mercado de cartões de crédito é hoje tema presente no cotidiano de diversas autoridades, nas mais variadas jurisdições: México, Austrália, Estados Unidos, Colômbia e Brasil - onde SDE, SEAE e Banco Central firmaram convênio para analisar o atual estágio da concorrência e as práticas comerciais do setor. A avaliação antitruste, nesse caso, torna-se especialmente complicada à luz de algumas das características do mercado de cartões de crédito: são mercados "de dois lados", na clássica definição de Tirole, qualificados, ademais, por fortes externalidades de rede. Do ponto de vista do consumidor, um cartão "bom" é aquele aceito na maioria dos estabelecimentos comerciais. Do ponto de vista do estabelecimento comercial (que também é consumidor, daí os "dois lados" do mercado), o cartão "bom" é aquele que a maioria dos consumidores adota.

Como o leitor perceberá, contudo, essas duas características do mercado de cartões de crédito - as duas faces do consumo e as externalidades de rede - tornam a aplicação do direito da concorrência mais sofisticada, mas de forma alguma impossível ou desnecessária. Inúmeros outros mercados caracterizados pelos dois lados (basta pensar no setor de mídia, em que temos como consumidores tanto os anunciantes quanto os leitores/espectadores) ou por externalidades de rede (basta pensarmos no setor de transporte aéreo de passageiros) são rotineiramente sujeitos à regulação concorrencial.

Por outro lado, na organização do livro também buscamos evitar certa obsessão com uma hipotética concentração bancária que caracterizaria o mercado brasileiro: como já dissemos em outro espaço,[1] o Brasil não apresenta, na grande maioria dos mercados relevantes, concentração bancária acima do que autoridades antitruste consideram aceitável. Além disso, não é óbvio, no mercado bancário, que aumentos nos níveis de concentração venham associados a uma diminuição no patamar de concorrência. Ao contrário, diversos estudos empíricos têm chamado atenção para o fato de que mercados bancários mais concentrados aparentemente apresentam *mais*, e não *menos*, concorrência.[2] Isto é, as transformações pelas quais tem passado a indústria nas últimas décadas acabam atuando sobre o setor de forma a selecionar os atores mais eficientes, excluindo os bancos menos competitivos, que acabam fechando suas portas ou adquiridos por rivais. Por essa razão, autoridades de defesa da concorrência e Banco Central têm procurado prestar atenção às *barreiras de entrada* que marcam o setor, tanto as naturais quanto as regulatórias. No que diz respeito às últimas, medidas que aumentam a mobilidade dos clientes das instituições financeiras e facilitam o acesso às informações cadastrais dos mutuários deverão modificar substancialmente, ao longo dos próximos anos, o padrão de concorrência do setor financeiro.

As reformas voltadas à diminuição das barreiras à entrada no setor financeiro não dispensam, no entanto, a aplicação do direito antitruste tradicional. A repressão de condutas abusivas e o controle de estruturas são complementos indispensáveis a qualquer política econômica voltada à melhora do desempenho do sistema financeiro, como mostra o ensaio de Alberto Heimler, diretor da autoridade antitruste italiana. Em seu artigo, Alberto procura traçar um panorama das possibilidades e benefícios abertos aos países que pretendam aumentar a concorrência no sistema financeiro, ressaltando o que a experiência comparada já demonstrou serem pontos comuns. Os artigos dos professores João Manoel Pinho de Mello e Caio Mário da Silva Pereira Neto mostram de forma ampla e competente o

[1] GOLDBERG, Daniel K., Concentração e concorrência no setor bancário. In: *Revista do Ibrac*, vol. 11, n. 3, 2004.

[2] Cf. BIKKER, J. K.; HAAF, K. *Competition, concentration and their relationship: an empirical analysis of the banking industry*. De Nederlandsche Bank. Research Series Supervision, n. 30, set. 2000.

que a literatura antitruste já produziu para enfrentar alguns dos problemas especialmente complicados, típicos da interação das firmas que operam no setor financeiro. Cristianne Saccab Zarzur trata da interação entre Banco Central e órgãos antitruste a partir da experiência norte-americana, e, por fim, os conselheiros do CADE Luiz Carlos Delorme Prado e Ricardo Villas Bôas Cueva fazem um ensaio que nos permite vislumbrar, em certa medida, o grau de maturidade e preparação que tem hoje o nosso tribunal da concorrência em relação aos problemas antitruste do setor financeiro.

Para quem pretende se preparar para debater problemas tão presentes quanto sofisticados – definição de mercados relevantes associados às atividades bancárias, os parâmetros que começam a ser utilizados pelo próprio Banco Central no controle de fusões e aquisições de bancos, externalidades de rede no mercado de cartões de crédito ou a aplicação de métodos quantitativos na avaliação da conduta dos agentes participantes do sistema financeiro – este é um trabalho que merece atenção e cuidado.

DANIEL K. GOLDBERG

SUMÁRIO

APRESENTAÇÃO – DANIEL K. GOLDBERG 5

OS ÓRGÃOS DE DEFESA DA CONCORRÊNCIA E O BANCO CENTRAL: SUPERANDO O DESAFIO
CRISTIANNE SACCAB ZARZUR 11

COMPETITION POLICY, ANTITRUST ENFORCEMENT AND BANKING: SOME RECENT DEVELOPMENTS
ALBERTO HEIMLER 25
1. Introduction 25
2. The ICN Report for an increasing role for competition in the regulation of banks 27
3. The ECA Report on retail banking 32
4. Antitrust enforcement in banking and in cards 34
5. Conclusions 39
References 41

ATOS DE CONCENTRAÇÃO E CONDUTA NO SETOR BANCÁRIO
JOÃO MANOEL PINHO DE MELLO 43
1. Introdução 43
2. Metodologia 45
3. Análise de fusões e aquisições no setor bancário 47
4. Análise de conduta no setor bancário 91
Bibliografia 105

EXTERNALIDADES DE REDE E CONDUTAS ANTICONCORRENCIAIS NO SISTEMA FINANCEIRO: UM OLHAR SOBRE O MERCADO DE MEIOS DE PAGAMENTOS
CAIO MÁRIO DA SILVA PEREIRA NETO e JOSÉ INÁCIO DE ALMEIDA PRADO FILHO 111
1. Introdução 111
2. Externalidades de rede e defesa da concorrência em mercados financeiros 113

3. Externalidades de rede e potenciais condutas anticoncorrenciais no mercado financeiro: exemplos do segmento de meios de pagamento 120
4. Conclusões 133
Bibliografia 135

CONCORRÊNCIA E SISTEMA FINANCEIRO: A CONSTRUÇÃO DE UM MODELO DE POLÍTICA DE DEFESA DA CONCORRÊNCIA NO SETOR BANCÁRIO BRASILEIRO
LUIZ CARLOS DELORME PRADO e RICARDO VILLAS BÔAS CUEVA 137
1. Introdução 137
2. Política de concorrência e regulação do setor bancário: a experiência internacional 140
3. Política de concorrência e setor bancário no Brasil: o debate sobre regulação e concorrência 147
4. A superação do impasse: uma política de concorrência para o setor bancário 154
5. Conclusão 161
Bibliografia 163

OS ÓRGÃOS DE DEFESA DA CONCORRÊNCIA E O BANCO CENTRAL: SUPERANDO O DESAFIO

Cristianne Saccab Zarzur[1]

Muito já se discutiu sobre as competências do Conselho Administrativo de Defesa Econômica (Cade) e do Banco Central (Bacen) para rever operações realizadas no âmbito do Sistema Financeiro Nacional (SFN), especialmente atos ditos "de concentração" (fusões, aquisições, *joint ventures* etc.) realizados entre instituições financeiras, legalmente sujeitas ao controle regulatório do Bacen.[2] A despeito de todos os argumentos usados de parte a parte na tentativa de pacificar a questão, tem-se que, do ponto de vista estritamente de direito material, não há ainda um consenso sobre como interpretar as normas que atualmente regulam a matéria.

Como coadjuvante desse debate sobre o conflito de competência entre as duas esferas – que não se pretende ter como foco neste artigo – há uma discussão mais profunda e de crucial importância: no contexto da economia de um país, como devem atuar os órgãos de defesa da concorrência e as autoridades monetárias (agentes reguladores) na avaliação de operações realizadas entre instituições financeiras? Em que grau deve ocorrer a interação de suas atividades? Como se devem harmonizar os respectivos exercícios de competências, tendo em vista o fim último das atribuições de cada autoridade? A quem cabe o quê, nesse setor econômico tão relevante e tão sensível?

De fato, é senso comum, tanto no Brasil como em qualquer outro país, que o sistema financeiro possui uma importância fundamental para o equilíbrio econômico e mesmo social de uma nação. Não foi por outra razão que nos Estados Unidos, por exemplo, tenha-se optado por se manter um sistema bancário descentralizado, onde os Estados sempre insistiram

1 Cristianne Saccab Zarzur é sócia de Pinheiro Neto Advogados, atuando na área de Direito Econômico e Defesa da Concorrência.

2 Assim entendidos os atos necessariamente sujeitos à aprovação do Bacen como autoridade reguladora.

em assegurar para si o direito de registrar e regulamentar seus próprios bancos: tratava-se do reflexo de uma sensação generalizada do povo americano de desconfiança quanto à concentração de poder, sobretudo de poder financeiro.

Ocorre, porém, que a consolidação é uma tendência indefectível em praticamente todas as indústrias, e não tem sido diferente no setor bancário. No Brasil, especialmente, o número de competidores tem se reduzido gradualmente ao longo dos anos, não só em função do movimento natural de fusões e aquisições – verificado de resto em outros países –, mas também em função de restrições constitucionais[3] e de normas editadas pelo órgão regulador (Bacen) ao longo dos anos, que, por diversas razões, criaram barreiras à entrada de novos competidores nesse setor.

De fato, a atuação do Bacen como regulador do segmento tem sido criticada por ser, na voz de seus críticos, excessivamente focada em uma preocupação com o risco sistêmico (ou na garantia de higidez do mercado) e menos com questões concorrenciais. Nessa política, segundo tais críticos, estariam as origens de diversos problemas hoje detectados no setor: altíssimas taxas de *spread* bancário, lucros exorbitantes das instituições financeiras, cobrança de inúmeras tarifas bancárias, degradação do atendimento ao público, entre outras falhas.

Não há dúvida, porém, que a atuação do Bacen como órgão regulador deve sim dar a devida importância à manutenção da higidez do sistema financeiro, sem a qual se perde um dos pilares de sustentação da economia. Porém, não se pode ignorar a tendência verificada em outros países, onde a elaboração da regulamentação governamental para o setor bancário leva em consideração a necessidade de se estimular a concorrência entre os agentes econômicos e mitigar o seu poder de mercado. Em outras palavras, a regulação prudencial do agente regulador deve incluir também o fomento à concorrência, como mecanismo disciplinador da atividade bancária.

Partindo-se do pressuposto, portanto, de que a regulação prudencial e a defesa da concorrência são atividades plenamente compatíveis, senão complementares, podemos vislumbrar duas frentes de atuação

3 O art. 192 da CF deve ser objeto de lei complementar. Entretanto, desde a edição da Constituição em 1988 este artigo permanece sem a exigida regulamentação.

para assegurar um ambiente de competição no setor bancário, que opere eficientemente e, em última instância, gere benefícios aos consumidores e ao mercado como um todo: (i) o aprimoramento de um arcabouço regulatório que contribua para um ambiente mais competitivo;[4] e (ii) a criação de mecanismos mais eficientes de avaliação de operações entre instituições financeiras, sob o aspecto concorrencial.

É indiscutível a competência do Bacen na estruturação e desenvolvimento desse arcabouço regulatório. Historicamente, cabe ao agente regulador essa tarefa. Retomando o exemplo norte-americano – que, como veremos a seguir, possui particularidades que o diferem do sistema bancário brasileiro, mas nos dá boas lições nessa matéria – aprendemos que a onda de fusões e aquisições de bancos, iniciada em 1994 e intensificada em 1998, gerou um redirecionamento das atenções não só do Congresso, mas também das autoridades reguladoras, às mudanças significativas que passaram a ocorrer nas indústrias bancárias e de serviços financeiros, bem como às implicações dessas mudanças na análise de transações no setor financeiro.

Um dos principais, senão o principal, fundamentos da mudança de foco de atenções vinculou-se à crença de que a vitalidade da economia americana dependeria da saúde financeira e da estrutura competitiva do setor bancário, na medida em que são os créditos gerados pelo setor bancário aos consumidores e negócios americanos que contribuem para que as engrenagens de um mercado livre se movimentem suave e regularmente.

Nesse contexto, a estruturação das normas aplicáveis ao setor, pelas autoridades norte-americanas, se pautava no princípio de que onde há competição entre as fontes de crédito, o preço deste é mais baixo e sua disponibilidade é maior. E, ainda, que a rivalidade também propicia aos consumidores maior inovação e melhor qualidade dos serviços financeiros prestados.

Não tem sido diferente também na Europa, onde a consolidação bancária é mais do que uma tendência, levando diversos países a rever suas práticas regulatórias e prudenciais para adequá-las ao novo ambiente concorrencial.

4 Ver Gustavo Mathias Alves Pinto, Concorrência no setor bancário – Contribuição ao estudo do caso brasileiro, *Revista do Ibrac*, v. 13, n. 1, p. 45.

Inserindo-se nesse contexto, o Bacen, na edição de normas regulamentares para o setor, deve inserir com mais intensidade um viés de estímulo à concorrência, como catalisador da regulação prudencial e, em última instância, também da regulação sistêmica.

No que se refere à segunda frente de atuação, relacionada aos mecanismos de avaliação de operações entre instituições financeiras sob o aspecto concorrencial, tem-se a grande questão: como harmonizar a atuação dos órgãos de defesa da concorrência e do Bacen?

O modelo norte-americano mais uma vez nos traz alguma indicação de quais procedimentos e metodologias têm-se mostrado razoavelmente eficientes no trato da questão. Obviamente que, como já mencionado, há grandes diferenças na estrutura do sistema financeiro norte-americano quando comparado ao sistema brasileiro, que certamente devem ser levadas em consideração na utilização do paradigma. Entre tais diferenças tem-se que:

- Nos EUA, por força de restrições legais vigentes no passado, e mesmo por fatores culturais, a maioria dos bancos tem atuação local (em Estados ou Condados). No Brasil, a maior parte dos bancos tem atuação nacional;
- Há, nos EUA, uma estrutura dual de revisão de operações entre bancos, em âmbito estadual e federal;
- O mercado norte-americano apresenta, por conta dessa estrutura regionalizada, um grau bem menor de concentração no setor do que o que se verifica no Brasil;
- Os bancos brasileiros, por conseqüência, são maiores, na média, do que os bancos norte-americanos, oferecendo aos consumidores uma gama maior de serviços (também por razões históricas e legislativas que levaram, no passado, à separação, pelo governo norte-americano, dos agentes desenvolvendo atividades de varejo, atacado e seguros).

Em função dessas diferenças, os efeitos concorrenciais de operações realizadas entre bancos nos EUA diferem dos efeitos gerados no Brasil,[5]

[5] Ver: João Manoel Pinho de Mello. Atos de concentração e conduta no setor bancário. In: Fiuza e Motta (Coord.). *Métodos quantitativos em defesa da concorrência e regulação econômica.* Rio de Janeiro: Ipea, 2006. 2 v.

mas o mecanismo de análise ali adotado merece ser avaliado como paradigma. Sobretudo por ser os Estados Unidos um país com longa história na área de direito da concorrência e ampla experiência (e jurisprudência) na revisão antitruste de operações entre bancos.

Regra geral, a supervisão e a regulação de operações entre bancos nos EUA focam-se essencialmente em três áreas, diretamente relacionadas ao interesse público: (a) *safety and soundness supervision*, visando garantir que os bancos sejam administrados prudentemente e de forma a manter a estabilidade do sistema bancário; (b) aplicação de normas de concorrência, visando fomentar mercados abertos e competitivos que geram serviços bancários de melhor qualidade e melhores preços; e (c) aplicação de normas de defesa do consumidor, visando garantir que os consumidores sejam totalmente informados sobre as características mais críticas dos serviços e produtos bancários.[6]

Historicamente, o Federal Reserve Board (FED) tomou a dianteira no exercício dessas responsabilidades,[7] adotando a supervisão do mercado como forma de controle de riscos sistêmicos, sobretudo tendo em vista as mudanças constantes verificadas na indústria bancária, como inovações tecnológicas, uso da Internet em operações financeiras, a globalização dos mercados financeiros, o aumento geográfico de atuação dos bancos como resultado da crescente e constante onda de fusões, entre outros fatores.

Há, porém, outras agências reguladoras governamentais potencialmente competentes para a revisão de operações entre instituições financeiras, a saber: Office of the Comptroller of the Currency (OCC), pertencente ao Departamento do Tesouro norte-americano, e Federal Deposit Insurance Corporation (FDIC).[8]

[6] Sobre o sistema de regulação e concorrência norte-americano ver *Testimony of Governor Laurence H. Meyer – mergers and acquisitions in banking and other financial services* (www.federalreserve.gov/boarddocs/testimony/1998/19980603.htm); *Remarks by Governor Laurence H. Meyer before the Spring 1998 bank and finance lecture* (www.federalreserve.gov/boarddocs/speeches/1998/199804162.htm).

[7] Não sem gerar críticas.

[8] Há de se mencionar, ainda, uma quarta agência, a Office of Thrift Institution (OTS), bem como procuradores estaduais (que começaram a ter papel mais

FED, OCC e FDIC tinham sua atuação regulamentada basicamente por três diplomas legais principais, que dispunham as normas de controle de operações bancárias: (a) o Bank Merger Act, de 1960; (b) o Bank Holding Company Act, de 1956; e (c) o Change in Bank Control Act, de 1978.

Vale mencionar que as disposições do Clayton Act, promulgado em 1914, alterado em 1950 e posteriormente em 1976 (pelo Hart-Scott-Rodino Act), expressamente excepcionavam do *pre-merger notification system* aplicável às demais indústrias "as transações que requerem aprovação de agências reguladoras nos termos do Bank Merger Act e do Bank Holding Company Act".[9] Portanto, operações antes sujeitas à aprovação de entidades governamentais bancárias –ainda que não fossem revistas sob o ponto de vista antitruste, mas meramente regulatório – não precisavam ser submetidas à Federal Trade Commission (FTC) ou à Divisão Antitruste do Departamento de Justiça (DOJ), embora este último pudesse, por competência originária, questionar em juízo as decisões proferidas pelos órgãos regulatórios.[10]

Em 1961, uma ação movida pelo DOJ (Philadelfia National Bank case) – a segunda movida na história do DOJ contra decisão proferida por agências reguladoras (a primeira fora em 1959) – garantiu ao Departamento de Justiça o direito de participar diretamente da revisão antitruste de operações entre bancos. Tratou-se de um marco no controle de fusões nos Estados Unidos, e também um fato importantíssimo para a instituição de conceitos antitruste na revisão regulatória de operações entre bancos.

A operação envolvia a fusão entre o segundo e o terceiro maior banco comercial da Filadélfia. A combinação de suas atividades – em um mercado já altamente concentrado – resultaria em uma concentração superior a 30%. Tal concentração, considerando as particularidades daquele mercado relevante geográfico, foi considerada pelas Cortes americanas como uma

ativo na revisão de operações entre bancos na década de 80, por intermédio da National Association of Attorneys General).

9 Importante mencionar recentes alterações ocorridas no sistema norte-americano: o Gramm-Leach-Bliley Ac*t*, que entrou em vigor em março de 2000, determinou que em casos de operações mistas envolvendo porções bancárias e não-bancárias, a porção não-bancária deve necessariamente ser submetida à revisão do FTC ou do DOJ segundo as normas do Hart-Scott-Rodino Act.

10 Ver www.ftc.gov/os/2000/04/hsrformalinterp17.htm.

presunção irrefutável de ilegalidade, na medida em que gerava um grau de poder de mercado tal que assegurava às partes uma alta probabilidade de praticar preços anticompetitivos e prejudicar os consumidores.

Como resultado daquela ação, tanto o Bank Merger Act quanto o Bank Holding Company Act sofreram emendas para: (i) ratificar a orientação que já havia sido dada pelo Congresso quando da edição das leis, no sentido de que as agências reguladoras deveriam levar em consideração, na revisão das operações, aspectos concorrenciais; e (ii) reconhecer expressamente o papel das leis antitruste, incorporando-as aos textos das leis, mas dispondo, ainda, que na revisão antitruste deveriam ser levadas em consideração "*a conveniência e a necessidade da comunidade*".

Os padrões de análise previstos no Bank Merger Act e no Bank Holding Company Act são essencialmente os mesmos e reportam-se a disposições que já existiam no Sherman Act (1890) e no Clayton Act (1914). De acordo com tais estatutos, uma operação entre instituições financeiras não deverá ser aprovada se, em qualquer parte do país, resultar ou aumentar a possibilidade de ocorrer um monopólio, ou que substancialmente reduza os padrões de competição, ou de qualquer outra forma prejudique o comércio, *a menos que os efeitos anticompetitivos sejam compensados pela conveniência e pelas necessidades da comunidade*. Trata-se, aqui, da incorporação dos princípios de defesa dos interesses públicos que permeiam a regulação do setor bancário nos EUA.

O DOJ, embora também analisasse operações bancárias de acordo com os estatutos bancários, utilizava (como ainda utiliza) complementarmente as regras básicas das *Horizontal Merger Guidelines*, editadas conjuntamente pelo FTC e pelo DOJ e utilizadas, regra geral, na análise de operações de fusão, aquisição e incorporação nos diversos setores da indústria.

Diante dessa multiplicidade de normas e parâmetros para a revisão de operações entre bancos, e buscando diminuir conflitos e inconsistências nas conclusões das respectivas análises (e tendo em vista a onda crescente de fusões e aquisições bancárias verificada a partir da década de 90, e mais especificamente a partir de 1994), o FED, o DOJ e a OCC decidiram elaborar um guia comum para análise dessas transações. Assim, em 1995 publicaram um trabalho conjunto denominado *Bank Merger Competitive Review*, que posteriormente passou a ser conhecido como *Bank Merger Screening*

Guidelines ("Screening Guidelines"), que esclarece os procedimentos de cada agência e, em um único documento, estabelece regras básicas para a revisão a ser conduzida por cada agência.

Não se pode afirmar que se tratou da unificação dos métodos de análise, mas sim da acomodação dos métodos particulares adotados por cada órgão, os quais foram "legitimados" na edição conjunta do documento. Ainda, os critérios de definição de mercados relevantes de produto e geográfico – que são diferentes para cada agência – foram mais claramente articulados, trazendo assim maior segurança jurídica aos administrados. Finalmente, e não menos importante, as *Screening Guidelines* propiciaram mecanismos que tornaram a análise das operações mais eficiente, na medida em que permitiram uma identificação mais rápida das operações que claramente não geram efeitos anticompetitivos, reduzindo, portanto, os ônus às partes notificantes.

Basicamente as *Screening Guidelines* se dividem em duas seções: a Seção 1 descreve como se utilizar de informações quantitativas na análise de operações entre bancos, e se divide em duas telas, ou "screens" (A e B); a Seção 2 lista as modalidades de informações qualitativas que podem ser relevantes na análise dos impactos concorrenciais de operações que, após a análise quantitativa, demonstraram poder gerar efeitos anticompetitivos.

A *Screen* A da Seção 1 traz a lista de informações que devem ser prestadas em todas as operações entre bancos e reflete basicamente a metodologia de análise do FED. As partes em determinada notificação listam todas as sobreposições geográficas utilizando três metodologias de definição de mercado relevante geográfico. Para cada sobreposição, as requerentes devem apresentar cálculos de HHI.[11] As agências reguladoras utilizam-se apenas da *Screen* A em sua análise: se os índices HHI pós-operação forem superiores a 1.800 e houver um aumento de 200, então as partes devem

[11] Índice Herfindahl-Hirschmann, que corresponde ao somatório dos quadrados das participações de cada empresa no mercado. O HHI varia de 0 a 10.000. Em um mercado semelhante ao modelo de concorrência perfeita com um número muito grande de unidades, o valor das participações individuais de mercado é insignificante, e o HHI tende a zero. No extremo oposto, sob regime de monopólio, em que há apenas uma empresa, sua participação é 100%, e o HHI correspondente é 10.000 (1.002).

estar preparadas para prestar as informações qualitativas contidas na Seção 2. Se tais índices não forem alcançados, as agências reguladoras tenderão a aprovar o ato. Nessa hipótese, embora a rigor seja provável que o DOJ igualmente sugira a aprovação da operação, é resguardado ao órgão antitruste o direito de prosseguir a investigação, a despeito dos índices HHI encontrados nos cálculos realizados segundo os termos da *Screen* A.

O DOJ, que também conduz sua própria análise da operação, utiliza ambas as *Screens*: se os cálculos realizados nos termos da *Screen* A indicarem índices HHI pós-operação superiores a 1.800 e houver um aumento de 200, então as partes deverão realizar os cálculos contidos na *Screen* B. Se também segundo os cálculos previstos na *Screen* B a operação gerar preocupações concorrenciais, então o DOJ poderá solicitar as informações qualitativas previstas na Seção 2, que se assemelham às informações qualitativas listadas nas *Horizontal Merger Guidelines*, conjuntamente editadas pelo DOJ e pela FTC.

Na prática, em operações de alto grau de complexidade, as partes se antecipam e apresentam, desde logo, os cálculos previstos na Seção 1 e as informações listadas na Seção 2 das *Screening Guidelines*, de forma a facilitar e agilizar a avaliação tanto pelo DOJ quanto pelas agências reguladoras. Sobretudo considerando que qualquer recurso do DOJ contra uma decisão de aprovação proferida pelas agências reguladoras do sistema financeiro suspende os efeitos do ato, e impede a consumação do negócio jurídico, usualmente há intensas negociações entre as partes e o Governo, de forma a se buscar uma solução aceitável no âmbito privado e eficiente do ponto de vista concorrencial, no menor espaço de tempo possível.

Nesse contexto, é de crucial importância a coordenação das análises conduzidas pelos órgãos reguladores, de um lado, e a autoridade de defesa da concorrência, de outro. Essa coordenação entre FED/OCC e DOJ se dá por uma combinação de procedimentos formais e informais, que têm dois objetivos: intercâmbio de todas as informações e documentos relevantes para a análise antitruste e garantia de que cada agência sabe exatamente como a outra está conduzindo a sua análise.[12]

12 Sobre as *Bank Merger Screening Guidelines*, ver Antitrust analysis of bank mergers: a survey of recent developments, de Terry Calvany, em http://library.findlaw.com/1996/DEc/1/129882.html; e "Bank mergers and antitrust", de

No que se refere aos administrados, esse sistema, ainda que não seja perfeito, incentiva uma atuação mais colaborativa, onde a transparência, a disposição em prestar informações e cooperar na investigação têm grande probabilidade de resultar em análises mais rápidas e resultados mais efetivos.

Essa descrição do modelo norte-americano é ilustrativa, neste momento em que se estuda a implementação de um guia de análise de operações financeiras estruturado conjuntamente pelas autoridades de defesa da concorrência brasileiras e pelo Bacen. Mas o que esperar de um guia que se aplique às especificidades do sistema bancário brasileiro e acomode as imperfeições das estruturas administrativas dos órgãos revisores?

Deve-se levar em consideração que a comunidade empresarial sempre receou inovações nessas regras de análise, porque em operações realizadas no âmbito do sistema financeiro, mais do que em qualquer outro setor, é de crucial importância a agilidade na identificação das questões legais, factuais e econômicas mais críticas, bem como o sigilo na investigação. Para tanto, um corpo profissional técnico e preparado se faz necessário, de modo a conduzir a instrução de forma eficiente e, sobretudo, focada nas especificidades do setor bancário.

De fato, como já reconhecido em diversas jurisdições, e amplamente reportado pela doutrina internacional e também pátria, os critérios tradicionais de avaliação de atos de concentração devem necessariamente ser adaptados ao setor bancário para que se obtenha uma análise, do ponto de vista concorrencial, razoavelmente adequada.

O Guia de Análise[13] desenvolvido conjuntamente pela Secretaria de Direito Econômico do Ministério da Justiça (SDE) e pela Secretaria de Acompanhamento Econômico do Ministério da Fazenda (SEAE) nos traz um arcabouço dos conceitos a serem utilizados, mas os critérios de aplicação ao setor bancário poderão ser (ou provavelmente serão) outros. Alguns exemplos:

Constance K. Robinson, então Director of Operations – Antitrust Division do Departamento de Justiça dos EUA, palestra no 31st Annual Banking Law Institute (30.5.1996), em www.usdoj.gov/atr/public/speeches/robins1.htm.

13 Anexo à Portaria Conjunta (SEAE/SDE) n. 50, de 1.º.08.2001.

(i) A definição de mercado relevante de produto: sabe-se que a definição de mercados relevantes afetados por determinada operação entre bancos pode variar dependendo dos tomadores de tais serviços. Além disso, em muitos casos (senão na maioria) uma operação entre bancos envolve diversos produtos relevantes, que podem se inter-relacionar (o conceito de *clustering* ou de serviços bancários consumidos conjuntamente), e conseqüentemente afetar a definição do mercado relevante de produto. Deve-se, nesse contexto, considerar cada produto isoladamente, ou o conjunto de serviços oferecidos, por exemplo?

(ii) A definição de mercado relevante geográfico: que não é estática e deve levar em consideração o desenvolvimento tecnológico, o aumento do compartilhamento de informações entre agentes, entre outros fatores que podem mudar o âmbito geográfico da demanda.

(iii) Os cálculos de participação de mercado: deve-se definir claramente as metodologias de cálculo apropriadas ao setor bancário. Ainda, há de se discutir como enfrentar (e corrigir) as falhas informacionais de dados públicos sobre o setor e sobre cada um dos produtos e serviços oferecidos por cada agente no País.

(iv) As barreiras à entrada no setor bancário: envolveria o exame das condições de entrada em cada mercado relevante de produto, considerando-se cada tipo de cliente (consumidores individuais e pequenas empresas, médias empresas, grandes corporações)? Como avaliar a questão dos entrantes potenciais (prestadores de serviços bancários, mas não dos serviços especificamente afetados pela operação em análise). Crucialmente, como avaliar as barreiras regulatórias, erguidas historicamente como resultado da preocupação – absolutamente legítima – com a estabilidade e higidez do sistema.

(v) As eficiências: como compatibilizar a concentração com a defesa do interesse público (atendimento das conveniências e necessidades da comunidade). Como ponderar eficiências quando há risco sistêmico? Quais os critérios de definição de risco sistêmico?

Essas ponderações (dentre várias outras) certamente permeiam as discussões tanto das autoridades reguladoras quanto dos órgãos de defesa da concorrência. As respostas a tais questões certamente afetarão o cotidiano das instituições financeiras e dos advogados militantes da área. Certamente não haverá respostas taxativas (e imediatas) para todas as questões, tanto mais porque o dinamismo do setor financeiro exige uma atualização permanente dos conceitos e critérios de avaliação de operações bancárias. Mas é imprescindível que haja clareza nas regras estipuladas, objetividade e sobretudo agilidade na sua aplicação, seriedade nos procedimentos de revisão e ampla comunicação e transparência não só entre as autoridades reguladoras e de concorrência, mas, primordialmente, com os administrados. Sobretudo porque parece se ter alcançado ao menos um consenso: não há como negar que a garantia de condições saudáveis de competição no setor bancário é uma das ferramentas para assegurar o equilíbrio do sistema financeiro como um todo.

Vencidas as posições pré-concebidas a respeito da atuação conjunta e coordenada do Cade/SDE/SEAE e Bacen, temos um desafio pela frente, mas também a vantagem das lições disponibilizadas pela experiência internacional. Que saibamos aproveitá-la segundo as especificidades de nossa estrutura governamental, administrativa, humana e cultural, de forma a efetivamente caminharmos para uma estrutura de mercado mais competitiva e mais saudável a médio e longo prazo.

Bibliografia

FEDERAL RESERVE BOARD. *Order approving acquisition of a branch*. Disponível em: <http://www.federalreserve.gov/boarddocs/press/bhc/1999/19990818/>. Acesso em: 22 set. 2006.

KEETON, William R. The transformation of banking and its impact on consumers and small businesses. *Economic Review*, 2001.

MELLO, João Manoel Pinho de. Atos de concentração e conduta no setor bancário. In: FIUZA, Eduardo P. S., MOTTA, Ronaldo Seroa da (Coord.). *Métodos quantitativos em defesa da concorrência e regulação econômica*. Rio de Janeiro: Ipea, 2006. 2 v.

MEYER, Laurence H. *Mergers and acquisitions in banking and other financial services*. Disponível em: <http://www.federalreserve.gov/boarddocs/testimony/1998/19980603.htm>. Acesso em: 15 mar. 2002.

______. *The Federal Reserve and bank supervision and regulation*. Disponível em: <http://www.federalreserve.gov/boarddocs/speeches/1998/199804162.htm>. Acesso em: 15 mar. 2002.

NANNI, Anthony V. Consolidation in the banking industry: an antitrust perspective. *32nd Annual Conference on Bank Structure and Competition, 1996*. Disponível em: <http://www.usdoj.gov/atr/public/speechers/avnspch2.htm>. Acesso em: 14 abr. 2002.

PINTO, Gustavo Mathias Alves. Concorrência no setor bancário: contribuição ao estudo do caso brasileiro. *Revista do Ibrac*, n. 2, São Paulo, 2006.

READ, Myra. *Bank mergers and antitrust: the role of regulatory agencies in protecting competition*. The 31st Annual Banking Law Institute, 1996.

______. Bank mergers and antitrust trends. *The 31st Annual Banking Law Institute, 1996*. Disponível em: <http://www.usdoj.gov/atr/public/speechers/robins1.htm>. Acesso em: 28 mar. 2002.

ROBINSON, Constance K. *Bank mergers and antitrust*. The 31st Annual Banking Law Institute, 1996.

______. *Bank mergers: antitrust trends*. The 31st Annual Banking Law Institute, 1996.

COMPETITION POLICY, ANTITRUST ENFORCEMENT AND BANKING: SOME RECENT DEVELOPMENTS

ALBERTO HEIMLER*

1. Introduction

1. Banking regulation originates from microeconomic concerns over the ability of bank creditors (depositors) to monitor the risks banks face because of their lending activities and from micro and macroeconomic concerns over the stability of the banking system in the case of a bank crisis. In addition to statutory and administrative regulatory provisions, the banking sector has been subject to widespread "informal" regulation, i.e., the government's use of its discretion, outside formalized legislation, to influence banking sector outcomes (for example, to bail out insolvent banks, decide on bank mergers or maintain significant State ownership).

2. In the early 70s financial systems world wide were characterized by significant regulatory restrictions, such as controls on interest rates and on the quantity of credit, restrictions on market access, and, in some cases, controls on the allocation of finance amongst alternative borrowers. These regulatory restrictions served a number of policy objectives. Direct controls were used to allocate finance to preferred industries in order to substantiate a national champion policy; restrictions on market access and competition were motivated by concerns over financial stability and the "lending attitudes" of non domestic banks; controls on interest rates were meant to keep low the cost of credit. All of these interventions did not achieve their stated objectives and furthermore created the conditions for a more market oriented approach to banking regulation.

3. It all started with the Basel Accord of July 1988. The Accord required major international banks in a group of 12 countries to attain an 8% ratio between capital and risk-weighted assets from the beginning of 1992.

* Director for Research and International Relations, Italian Competition Authority, Piazza Verdi 6a 00198 Roma, Italy.

Subsequently, the increasing range and sophistication of financial instruments made the limitations of the probably too simple design of the 1988 capital-adequacy framework become apparent. Already in 1997 the Basel Committee on Banking Supervision, seeking to further enhance banking supervision in both G10 countries and a number of emerging economies, released a set of "Core Principles" which established minimum requirements for banking supervision. The document also sets out an extensive list of recommended powers of banking supervisory authorities.

4. Finally, in June 2004 the Basel Committee on Banking Supervision issued a revised framework (Basel 2) for measuring capital adequacy and for identifying new minimum capital requirements for banks (Pillar 1). The new framework encourages banks to develop their own in-house risk-management systems to compute in a much more precise way their minimum capital requirements, with supervisory oversight present in the endorsement of the adequacy of the system. The proposals of the Committee, expected to be progressively implemented from the end of 2006, introduce also two additional pillars for banking regulation that are expected to become more and more important in complementing capital adequacy requirements. Pillar 2 introduces a continuous dialogue between banks and their supervisor in order to follow and accommodate changing and evolving business practices. Pillar 3 calls for improving the flow of information to the public on banks financial conditions, so that market discipline can exercise a greater role in reducing excessive risks in banking activities.

5. The capital requirements framework created in the context of the Basel committee paved the way to the development of stronger competition in banking. Market discipline and competition have now substituted the much more interventionist and discretionary instruments of regulation which were prevalent in the 1970's. It is unquestionable that all over the world banks now face greater competition both from new entrants in the banking sector and from other financial companies.

6. Once industrial policy considerations have been excluded, the most important rationale for regulation in banking is to address concerns over the safety and stability of financial institutions, the financial sector as a whole, and the payments system. Mandatory deposit insurance schemes are introduced in order to avoid bank runs. Capital adequacy requirements make sure that banks do not become too much exposed. Lender of last

resort interventions ease temporary illiquidity. The Basel 2 framework has not eliminated the need for regulation. Its objective is to adopt flexible and market oriented regulatory measures.

7. Until very recently competition authorities have not been much involved in the process of liberalization of banking. This attitude is now changing. In 2004 the ICN annual conference decided that its Antitrust Enforcement in Regulated Sectors (AERS) working group concentrate on banking. In May 2005 at the ICN Bonn conference the AERS working group presented its report on competition and regulation in banking. As a result ten suggested best practices were formally approved by the ICN where the importance of competition and of antitrust enforcement in banking was explicitly recognized, together with the need of reducing switching costs by depositors as a way to promote competition on the demand side. In June 2005 the European Commission launched a fact finding enquiry into financial services, specifically into retail banking and business insurance, having recognized the existence of entry barriers, market fragmentation and lack of effective choice on the demand side. The enquiry is still in progress and only an interim report on payment cards has been published. In 2006 at the Nice meeting of ECA, the association of European Competition Authorities, a report on banking was approved. The ECA report contains a number of suggestions to the European Commission with the objective of increasing competition in retail banking and speeding up the creation of a Euro wide payment area.

8. This paper will briefly summarize the ICN and the ECA reports on banking and will then address the enforcement experience of antitrust authorities, with a particular emphasis on payment cards (debit and credit).

2. The ICN Report for an increasing role for competition in the regulation of banks

9. The Antitrust Enforcement in Regulated Sectors (AERS) working group was established in 2003 at the ICN annual conference of Merida, Mexico with the mandate to study "the activity of antitrust authorities with respect to exclusionary and collusive practices in regulated sectors". A first report delivered at the ICN annual conference in Seoul analyzed the general question of jurisdiction, that is identifying the specific circumstances when antitrust enforcement has primacy over regulation. In Seoul it was

decided that in its second year the group would concentrate on banking. The objective of the Report on banking, delivered at the 2005 ICN annual conference held in Bonn, was to show the benefits of competition both for a more efficient supply of credit to the economy and for providing better services to depositors. The Bonn conference approved ten best practice suggestions on banking to jurisdictions and to antitrust authorities. The objective of these suggestions is to increase competition among banks and promote an efficient enforcement of antitrust law.

10. On the credit side competition between banks has led to lower spreads and greater choice possibilities for potential borrowers. However, liberalizing entry is not sufficient for achieving a competitive market in banking since competition between banks may be restrained by the asymmetry of information between banks and potential borrowers. It is therefore necessary to make sure that "*banks are properly informed of the debt exposure of potential borrowers*".[1] Indeed, an environment "where banks compete for customers and potential borrowers choose among alternative banks as suppliers of funds, can only develop if banks are fully informed on the total exposure of each customer. Otherwise, if information is privately held by each bank, the market for credit will be segmented and banks will only lend to customers they personally know". Furthermore when collaterals are required for opening a credit line, the taking possession of these collaterals should be made easy. Otherwise credit could be severely restricted.[2]

11. Finance and banking are necessary for growth and development. The experience of developing countries shows that the banking sector is generally responding well to the needs of wealthy households and of

[1] The full best practice suggestion reads "Agencies in their competition advocacy functions should consider, as appropriate when competition concerns are raised, to advocate for an environment where banks are informed in a timely and complete manner on the debt exposure of potential borrowers (in integrated financial markets also on an international basis), making sure to identify ways and precautions such that information sharing does not lead to restrictions of competition".

[2] The full best practice suggestion reads "Agencies in their competition advocacy functions should consider, as appropriate when competition concerns are raised, to advocate for a legal environment where the taking possession of collateral is possible without delay".

already established firms. The reason is that banking is effective when borrowers, both firms and individuals, are able to offer a collateral or have formal employment so as to provide some guarantee with respect to future income. While in developed countries those unable to offer real guarantees are relatively few, in developing countries they often are the majority. This implies that in developing countries banks tend to provide services only to the minority of the population, so that regulatory reform leading to stronger competition eliminates distortions, favoritism and high interest rate spreads, but provides advantages to the privileged few only. As an example, the Pakistani competition Authority in its submission to the OECD Global Forum on Competition in February 2005 writes: "The financial sector was deregulated and ... with the economic liberalization, new banks, financial institutions, leasing companies, housing finance, investment companies and foreign banks have come up, which has created a competitive milieu".[3] A large part of the Pakistani population continued to be unbanked.

12. Regulatory reform in developing countries can become more effective if it is able to expand the reach of banking to the underprivileged, both as depositors and as borrowers. Recently the growing importance of micro credit institutions has allowed credit to reach the poor at a large scale. While originally these micro-credit supplying institutions were State owned and loss making, they were progressively privatized and deregulated, increasing both their efficiency and their profitability. Very often the growth of these micro credit institutions has been made possible by creating a legal environment characterized by new and innovative forms of joint responsibility. As the ICN Report argues, "considerable evidence shows that such unconventional lenders were able to lend to borrowers that no conventional borrower was willing to attract and nonetheless performed much better, in terms of financial self sufficiency and repayment rates, than would conventional banks in comparable loans. The reason of this success, that is not limited to the Grameen Bank in Bangladesh, is the use of unconventional methods of risk reduction: forming groups of borrowers that are jointly responsible

[3] See OECD (2005).

for each other's loans (joint liability) and intense monitoring of clients, relying heavily on the promise of repeating the loan".[4]

13. As for more traditional depositors, while banks benefited from the new opportunities originating from technical progress and from regulatory reform by offering new and improved financial services to customers, switching costs remain quite high, so that competition between banks did not increase as much as it could. There is now substantial evidence that the widening range of services offered by banks (card services, paying bills for depositors, consumer loans, mortgages, life insurance, financial consulting; management of investment funds; asset management etc.) has increased competition in the affected relevant markets, but at the same time has made switching more difficult, probably reducing the effect of liberalization on the market power of banks. The ICN Report summarizes the implicit costs a depositor faces when switching bank: "1) receive new credit cards (with a different number and expiry date) that would need to be communicated to any service provider, for example the cable TV company, should its bills being paid by credit card; 2) inform the new bank about all utilities whose bills were being paid by debiting the depositor checking account; 3) transfer the deposit of all purchased stocks or bonds to the new bank; 4) maintain the checking account of the old bank just to service the mortgage; 5) communicate to all correspondents the new banking coordinates." The Report then continues "The increase in switching costs tends to make steeper the residual demand curve each bank faces, so, even though competition may be increased in each of the markets where the bank expanded, the overall market power of each bank is increased, at least with respect to existing depositors. Or, to say it differently, in order for a bank to convince depositors of another bank to switch, the improvements in the quality of services it offers must be much larger than it would be the case in the absence of switching costs."

14. Given that the existence of switching costs raises the market power of each bank (only new entrants are penalized) it is highly unlikely that

[4] The full best practice suggestion reads "Agencies in their competition advocacy functions should consider, as appropriate when competition concerns are raised, to advocate, especially in developing countries and consistent with maintaining a competitive market, for the creation of a legal environment where financial institutions can reduce their risk by joint liability lending".

banks would engage autonomously in switching costs reduction activities. Pro-competitive rules and regulations and in particular mandatory information requirements may contribute to make switching easier, so as to ensure that all the benefits originating from greater competition actually reach consumers.[5]

15. Besides reducing switching costs, the ICN Report suggest that regulatory reform should accompany technical progress in banking so as to expand markets according to technical capabilities. In particular, "with the advent of the internet, banking is no longer necessarily a local industry, not even for the smallest depositor, at least in countries with widespread internet literacy. .... This is particularly important in jurisdictions that use the same currency. For example, the introduction of the Euro in 2002 could have made depositors indifferent as to the nationality of the bank where they would deposit their savings, leading to a very significant enlargement of consumer choices and of competition." Notwithstanding the regulatory interventions in such directions, such as Regulation (EC) 2560/2001 on cross-border payments in the Euro area, the high costs traditionally associated with dealing with foreign banks have remained".[6]

16. Competition oriented regulatory reform is only one pillar of a competition policy in banking. Antitrust enforcement is a very important second pillar and, as the ICN Report acknowledges, "the full application of competition law in the banking sector by a national competition authority is desirable, and in no way incompatible with an effective regulatory framework". Very often it is argued that a sector be subject to its own particular set of competition rules on the grounds that the sector is unusually important

[5] The full best practice suggestion reads "Agencies in their competition advocacy functions should consider, as appropriate when competition concerns are raised, to advocate for a reduction of switching costs by depositors, for example by asking for disclosure rules on the costs associated with the closing of an account or with paying off a mortgage".

[6] The full best practice suggestion reads "Agencies in their competition advocacy functions should consider, as appropriate when competition concerns are raised, to advocate, in countries with a common currency, for a reduction of transaction costs on cross border payments, including the creation of larger than national payment systems, so as to favor the development of larger markets and greater choices for consumers".

or in some other sense 'special'. The argument is not very solid. Violations of competition rules fall within very general categories and are flexible enough to accommodate any sector specificities. Special competition rules are not only unnecessary, but they may also undermine enforcement. Indeed as the OECD argues, "(T)there is a danger that sector-specific enforcers may adopt an understanding of competition that is overly congenial to the industry's traditional mode of operation instead of promoting a competitive regime".[7] The ICN Report continues, "(S)sector-specific laws are more vulnerable to being changed and enforced in the interest of the regulated industry, rather than in the interest of the economy at large. General laws, on the other hand, tend to be more immune and therefore more robust and long-lived". [8]

3. The ECA Report on retail banking

17. In 2005, the ECA (European Competition Authorities) Directors-General meeting decided to create the ECA Financial Services Subgroup with the objective of "identifying common competition problems, focusing on consumer mobility, access to payment systems, and SEPA (Single European Payment Area)". The final Report and Recommendations were then presented to – and adopted by – the Directors-General meeting in Nice on 18-19 May 2006.

18. The report originates from the observation that the creation of the Euro did not lead to the full integration of domestic banking markets of the countries of the Euro area. Regulatory reform still under way will soon lead to a Single European Payment Area. As national markets become more integrated, there is a growing desire for a consistent strategies on competition issues in payments markets.

19. Customers mobility is quite low in most European countries. The reason is, first, that population is relatively stable. More importantly the lack of transparency of the conditions offered by competing banks does not allow customers to easily compare services effectively.

[7] OECD (1997), p. 256.

[8] The full best practice suggestion reads, "Agencies should apply in enforcement the usual tools of antitrust analysis, including market definition, market power/dominance, remedies".

Additionally, banks make it difficult, costly and often a lengthy process for customers to switch. In order to stimulate customer mobility in their national markets, the ECA Working Group recommends national competition authorities to promote "lower switching costs in retail banking markets; the introduction of a consistent set of transparency rules that make it possible for consumers and SMEs to compare retail banking products, and the implementation of retail banking switching facilities (e.g. objective and up-to-date comparison sites, comparison statistics, switching services)."

20. Payment systems are often organized around a scheme-setting body, which in many cases is also responsible for setting and enforcing access rules with regard to clearing and processing. The access conditions to these bodies (how to receive a license, adherence to technical standards, paying a fee) are sometimes overly restrictive of competition. In order to create more open national payment markets the ECA Report recommends the promotion of "transparent, open payment standards and objective membership criteria to payment schemes (i.e. non-discriminatory access rules); if workable, a clear legal (and practical) separation between management and ownership of access rules for payment schemes; unbundling in the supply of payment services (e.g. branding and processing) where other, less potentially anti-competitive, solutions are available; and the introduction of stakeholder-involvement (within the normal provisions of competition law) to ensure the consultation of stakeholders (customers) on access rules."

21. The creation of SEPA will clearly benefit consumers, even if there is uncertainty on how prices for payment services may respond, given the huge investments necessary for building the new Euro wide platforms. The degree by which end users will benefit from these development depends on the degree of competition within domestic banking markets. In this respect the ECA Report supports a "market-based approach for SEPA migration; separation of scheme and infrastructure; and non-exclusion of non-bank payment service providers from governance".

22. In the creation of SEPA customer mobility should also be favored. In this respect the introduction of European account numbers and 'number portability' could – in the long run – be the best way forward. An alternative would be to introduce a European switching facility, or at least the harmonization of national switching facilities.

4. Antitrust enforcement in banking and in cards

23. In almost all jurisdictions Ministries of Finance or Central Banks have the duty to control bank mergers for stability reasons and for ensuring the safety and soundness of the institution and its managerial competency, while competition authorities control them on competition grounds. In recent years a number of jurisdictions, including Germany, France, Canada and recently also Italy, have recognized that functional separation is the best approach for an efficient and effective institutional structure and the antitrust authority has been made fully responsible for antitrust enforcement in banking. Only in very few jurisdictions competition and stability concerns are still pursued by the same institution. For example,

- In Brasil the Central Bank has full responsibility over bank mergers (both for stability and for competition considerations).
- In South Africa, the Minister of Finance for "public interest" objectives can exclude the competition authorities' jurisdiction over bank mergers.
- In the US, under section 18(c) of the Bank Merger Act of 1966, the Comptroller of the Currency (OCC) for national banks, the FDIC for federally-insured, state-chartered banks that are not members of the Federal Reserve System and the Board of Governors of the Federal Reserve System for state-chartered banks that are system members, must conduct their own competitive analysis of bank mergers. However in most transactions only DOJ and a single bank regulatory agency actually are involved and obtain a competitive factors reports from the Attorney General of the United States before approving a bank merger.
- In Korea, the Financial Supervisory Commission, when considering an approval of a merger or an acquisition, has to have prior consultation with the Korea Fair Trade Commission on the effect of the operation on competition.

24. The reason why antitrust authorities are better placed for antitrust enforcement in banking is that in assessing the likely effect of a bank merger on competition the analysis is not different from any other one: one should consider whether the merger could create or facilitate the exercise of market power, where market power is defined as the ability of firms to

increase price or reduce quality from pre-merger levels. A merger could have anticompetitive effects by making it profitable for a leading firm to exercise market power unilaterally, or by increasing the likelihood that firms in a market could successfully maintain a collusive outcome. In banking the analysis may be complicated by the fact that the relevant geographic market differs according to the characteristics of the buyer of bank services (for small businesses the service of proximity is much more important than for big business) or of depositors (internet literacy enlarges the relevant market quite substantially). Furthermore, the existence of high switching costs reduces the importance of competition on the supply side and may be a very important element in the assessment of market power.

25. Contrary to other sectors, agreements among competitors are often necessary for the existence of efficient payment systems. For example in order to guarantee the interoperability across banks of automated teller machines, banks agree on how to share the cost of transactions. In debit and credit cards, associations of banks agree in many jurisdictions on how to share the costs between issuers and acquirers. These agreements may be anticompetitive. Furthermore card markets are characterized by provisions, like the honor all cards or the no discrimination rules that have been characterized as anticompetitive by a number of antitrust authorities worldwide.

26. According to Evans and Schmalensee (2005) "payment systems have much in common with auction houses, exchanges, shopping malls and video games consoles", in the sense that two separate sets sides need to be present in order for these markets to succeed. For example men and women have both to be present in a disco for it to be a success and not necessarily both pay. As a consequence all that matters is not how much each gender pays, but how much they pay together. The reason is that an optimal pricing structure, for example that only men pay, cannot be achieved by private negotiations between the two sides. In particular, since men would not be able to identify before hand the women that are interested in coming to the disco, they would not be able to voluntarily pay for them if the admission ticket was gender neutral. Evans and Schmalensee (2005) extend these features to credit markets and identify the two sides as customers and merchants. However card markets are substantially different from discos. In particular, merchants could identify customers by type of cards and have them pay accordingly to the (private) cost and benefits of

the payment instruments they choose to use, irrespective of the original sharing of the cost among the two parties.

27. There is an additional peculiarity in the case of cards: the cost of card transaction is translated to all consumers, since merchants may increase the prices of their products as the merchant fee or any other cost associated with the acceptance of the card is increased, of course only in so far as they are able to translate forward these extra costs (i.e. according to the demand elasticity they face). The identity of the two sides depends then on the share of consumers paying with cards and on the elasticity of demand merchants face: if the share of consumers paying with cards is high and the merchants elasticity of demand is low (high), users (merchants) pay for the most part; if the share of consumers paying with cards is low and the merchants elasticity of demand is low (high), final consumers (merchants) pay for the most part. Certainly final consumers, and in particular cash paying final consumers, are not the "other side".

28. Payment instruments have different costs: cash, checks, debit cards, credit cards. Since the choice is made by the user, in principle each user could be charged differently according to the cost of the instrument he chooses, so as to internalize their different costs. The fact that card users do not pay the cost of their choice, can indeed distort the market of payment instruments. Vickers (2005) mentions that "the Governor of the Reserve Bank of Australia has recently drawn parallels between circumstances with high interchange fees and Gresham's Law that bad money drives good money out of circulation. Just as our 16th century forbears would rather pay with a coin that had lost 1 per cent of its gold than a full one, so in the 21st century some of us may be tempted to pay by means that yield 1 per cent rewards at the expense of the retailer than by ways that do not." The reference to Gresham's law is of course not fully appropriate and in fact Vickers (2005) continues: "Without pushing the analogy too far, the common point is that the high-cost means of payment (for the retailer) can tend to gain at the expense of the low-cost means – irrespective of any underlying efficiency advantage."

29. Indeed in a world where the consumer that makes the choice also pays for the cost of his choice (for example by paying a different price for his purchases if so asked), companies supplying payment systems would compete to reduce costs to merchants, knowing that otherwise their payment system would not be chosen by the customer

(since the merchant might surcharge). This is particularly important for proprietary card systems that usually charge a much higher merchant fee than associations.

30. For example, the Reserve Bank of Australia eliminated the no-discrimination rule for four-party card schemes in 2003 and obtained American Express and Diners Club's agreement to remove their no-discrimination rules as well. There is evidence that very few merchants actually decided to surcharge or discount. As a consequence, Chang, Evans and Garcia Swartz (2005) argues, the elimination of the no discrimination rule has been irrelevant for consumers. This is not the right conclusion however. The elimination of the no-discrimination rule widens the negotiation space for merchants because, besides refusing to accept the card which is an up-front decision, merchants may also decide to price discriminate, a decision that can be made at any time. As a result, the threat that card holders would be charged may lead card providers to charge lower fees. And indeed there is evidence that in Australia the elimination of the restriction on surcharging led proprietary systems to reduce their fees as well, although the declines are smaller than those for MasterCard and Visa.[9]

31. Rochet and Tirole (2003) argue that the interchange fee rebalances the revenue streams between issuers and acquirers, setting up the right incentives for issuers to promote the purchase of card services and for acquirers to look for new merchants to associate. Because of the interchange fee, issuer banks revenues increase with the use of cards: the user of credit cards makes the choice of the payment instrument, issuer banks receive a revenue as a consequence. The higher the competition among issuers, the more revenues are given back to users, usually in the form of prizes and rebates.

32. On the other hand, if switching costs in retail banking are high and competition is low, then rebates and prizes would not be so common (this is by the way the situation in most countries, including Italy), because issuer banks, not fearing that their customers would substitute their card away, are not transferring to their customers some of the interchange fee revenues. The effect of the interchange fee might then be to increase issuer banks profits.

9 See OECD (2006).

33. Interchange fees could be set bilaterally by each bank with respect to every other one. However in order to reduce transaction costs and impede opportunistic behavior associated with the respect of the honor all cards rule, it is efficient that interchange fees are set uniformly. The negative aspect is that the interchange fee becomes a common floor on the merchant fees acquirers would charge and may be used strategically to artificially increase issuer profits. Interchange fees are at the same time a welfare enhancing device able to achieve the efficient results of rebalancing the two sides of the market and a collusive devise among banks, since the equilibrium to be identified in the course of a negotiation is completely uncertain.

34. The problem is that the degree of competition in any market strictly depends on the rules of the games. It might well be that the elimination of the interchange fee (being substituted by any other way to recover issuing costs, including the possibility of a variable charge to users) may lead issuers to compete more fiercely among themselves by reducing prices to customers, instead than by offering them prizes or miles in frequent flyer programs of an unknown value. The welfare of consumers might increase. At the same time competition among providers of different payment instruments would also increase because, since consumers would pay for their choice, the risk that customers would respond to the relative costs of these payment instruments would increase.

35. Antitrust authorities have looked at interchange fees, making sure that extraneous costs are not added on to the interchange fee. However also the "appropriate" costs are difficult to identify (and also to attribute to each card transaction). In its recent decision on MasterCard the Office of Fair Trading (2005) considers as "appropriate" the cost of providing a payment guarantee (fraud losses incurred by issuers and issuer costs of authorization and risk control), and the cost of processing incoming transaction. Since not every issuer incurs these costs in the same proportion and uses the same technology, the calculation of these "appropriate" costs requires the sharing of confidential information among issuers and it involves some free riding. More generally however it is very difficult to identify the appropriate nature of these costs (i.e. whether they really belong to issuers and not to acquirers), since the relationship between issuers and acquirers is not fully vertical, but two-sided.

36. Even though it may not be set at the optimal level, reducing the interchange fee to a minimum, even to zero, opens the possibility for more

flexible pricing strategies both by issuers and by acquirers and indeed in many countries card payment systems have flourished without the need of an interchange fee.

37. A final remark is merited on a very interesting experience by the Italian Competition Authority which in January 2006 opened a fact finding enquiry (not an enforcement action) on the costs depositors face when they close a checking account. This action, which was publicly announced, led many (although not all) banks to immediately change current practices and eliminate the charges for closing an account. The fact that newspapers wrote extensively about the unjustified charges banks were asking to depositors was the major reason why these banks decided to change their current practices. Firms value very much their reputation, especially in industries that deliver their product/services to the general public. There were no immediate threats of an enforcement action, but banks did not want to appear to exploit "the little guys".

5. Conclusions

38. This paper has reviewed recent initiatives by antitrust authorities in banking and payment systems. It started off by summarizing the ICN Report on "An Increasing Role for Competition in the Regulation of Banks". The Report raises the question of what, exactly, is the problem (i.e., the market failure) that (prudential) regulation of banks is designed to address. In particular, while there are some areas that need a regulatory intervention (protection of smallest depositors, proper regulation of banks settlements, mandatory information disclosures, risk adjusted stability concerns), for the rest the sector can be efficiently disciplined by market mechanisms and by antitrust law. Furthermore the Report addresses the importance of switching costs for increasing market power of each bank, suggesting some solutions to reduce them. The ICN Report ends with a number of best practice suggestions. Two of these suggestions are directed to jurisdictions,[10] two

[10] 1) promote an open, competitive, banking environment without unjustified restrictions on entry, ownership or exit, resulting either from the rules to be applied or from enforcement practices; 2) ensure that there is a proper separation between the enforcement of prudential regulation and of the general competition rules

others to agencies in their enforcement capacity[11] and six to agencies in their competition advocacy functions.[12]

39. The ECA Report on competition issues in retail banking and payment systems in the EU addresses three areas that are particularly important for creating an integrated European market for financial services: consumer mobility, access to payment systems, and the creation of SEPA (Single European Payment Area). The ECA report suggests that a reduction of switching costs can be achieved by greater customers information. Furthermore introducing some sort of banking account number portability may reduce the implicit costs associated with a decision to change bank. Access to payment system platforms has to be transparent and non- discriminatory, while allowing for stakeholders involvement in the definition of access rules. As for SEPA migration, the ECA report favours the identification of market base solutions.

40. As for antitrust enforcement, banking does not need special rules nor special institutional settings. Bank mergers are suitable to be evalu-

[11] 3) whatever the institutional setting, (agencies should) build good working relationships with the regulatory agencies and coordinate their efforts in reviewing particular matters; 4) (agencies should) apply in enforcement the usual tools of antitrust analysis, including market definition, market power/dominance, remedies.

[12] Agencies in their competition advocacy functions should consider, as appropriate when competition concerns are raised, to advocate for: 5) the elimination of exclusions from competition law for financial institutions; 6) an environment where banks are informed in a timely and complete manner on the debt exposure of potential borrowers (in integrated financial markets also on an international basis), making sure to identify ways and precautions such that information sharing does not lead to restrictions of competition; 7) a reduction of switching costs by depositors, for example by asking for disclosure rules, for example on the costs associated with the closing of an account or paying off a mortgage; 8) in countries with a common currency, a reduction of transaction costs on cross border payments, including the creation of larger than national payment systems, so as to favor the development of larger markets and greater choices for consumers; 9) a legal environment where the taking possession of collateral is possible without delay; 10) especially in developing countries and consistent with maintaining a competitive market., the creation of a legal environment where financial institutions can reduce their risk by joint liability lending.

ated with the general tools of mergers analysis. The only specificity with banks is that the extent of the geographic market may differ according to the product/service considered and the technology available.

41. Agreements among competitors are a common feature of many payment services associated with the use of cards. Antitrust authorities and regulators have recently intervened with respect to these agreements: In Australia the Reserve Bank has eliminated the no discrimination rule and significantly reduced the interchange fee. There are mixed assessments on the results of the Australian experiment, but certainly it cannot be concluded that consumers suffered as a result. In the United Kingdom the OFT has considered anticompetitive the interchange fee agreement of MasterCard because it included the costs of services far in excess of what was considered appropriate by the vertical acquirer/issuer relationship. More recently the European Commission has released the first part of its enquiry on financial services and concludes that "some of the preliminary findings ... may provide indications that the setting of interchange fees could possibly be a matter of market power in some EU Member States".[13]

42. Finally the elimination of the no discrimination rule reduces the possibility of free riding by users of credit cards with respect to users of other payment systems or by high users of credit cards with respect to low users. It would also increase the negotiating power of merchants with respect to three party card systems (like American Express and Diner's), expanding the number of options available (not just accept/not accept the card, but also discriminate/no discriminate). Finally the reduction of the interchange fee, and, at the limit, also the elimination of the interchange fee, enhances market transparency, increasing competition both on the acquirer and on the issuer sides of the market.

References

BASEL COMMITTEE ON BANKING SUPERVISION (1997), *Core principles for effective banking supervision*, Basel

BASEL COMMITTEE ON BANKING SUPERVISION (2004), *Basel II: International convergence of capital measurement and capital standards: a revised framework*, Basel.

[13] See European Commission (2006) p. 32.

CHANG, Howard, David S. Evans and Daniel D. Garcia Swartz (2005) "The effect of regulatory intervention in two-sided markets: an assessment of interchange-fee capping in Australia", *Review of Network Economics* 4(4): 328-358. Available at: <http://www.rnejournal.com/articles/chang_et_al_RNE_dec05.pdf>.

ECA (2006), *Competition issues in retail banking and payment systems markets in the EU,* Report and Recommendations of the ECA Financial Services Subgroup, presented at the ECA meeting in Nice, 18-19 May.

EUROPEAN COMMISSION (2001), *Regulation (EC) No 2560/2001 of the European Parliament and of the Council of 19 December 2001 on cross-border payments in Euro, OJ L 344, 28.12.2001, p. 13-16.*

EUROPEAN COMMISSION (2006), *Interim Report I Payment Cards*", Brussels.

EVANS, David S. and Richard Schmalensee (2005), *The economics of interchange fees and their regulation: an overview*, MIT Sloan WP 45-48-05.

INTERNATIONAL COMPETITION NETWORK (2005), *An increasing role for competition in the regulation of banks.* Available at: <http://www.internationalcompetitionnetwork.org/annualconferences_bonn.html>, look for Antitrust Enforcement in Regulated Sectors Working Group.

OECD (1997), "Regulatory reform in the financial services industry", *The OECD Report on regulatory reform : Volume I.*

OECD (2005), Pakistan contribution to the roundtable on "Bringing competition into regulated sector", Global Forum on Competition, February 17-18. Available at: <http://www.oecd.org/dataoecd/38/12/34448577.pdf>.

OECD (2006), Australian contribution to the roundtable on "Competition and efficient usage of payment cards", Competition Committee, *Working Party 2 on Competition and regulation*, June 6.

OFFICE OF FAIR TRADING (2005), *Investigation of the multilateral interchange fees provided for in the UK domestic rules of Mastercard UK Members Forum Limited*, Decision, September 6.

ROCHET, Jean-Charles and Jean Tirole (2003), "An economic analysis of the determination of interchange fees in payment card systems", *Review of Network Economics*, 2(2): 69-79. Available at: <http://www.rnejournal.com/articles/rochet_and_tirole_june03.pdf>.

VICKERS, John (2005), "Public policy and the invisible price: competition law, regulation and the interchange fee", *Competition Law Journal*, 5-16.

ATOS DE CONCENTRAÇÃO E CONDUTA NO SETOR BANCÁRIO*

João Manoel Pinho de Mello**

1. Introdução

Supondo um mundo de informação perfeita, poupadores e tomadores se encontrariam em um mercado impessoal no qual recursos financeiros passariam dos primeiros para os últimos anonimamente. Nesse mundo, a intermediação financeira não teria uma função clara. Evidentemente, essa previsão teórica é refutada pela simples constatação de que os bancos (o tipo mais comum de intermediário financeiro) possuem uma parte significativa dos ativos e passivos nas economias modernas.

No mundo real, a informação é imperfeita. Tomadores têm mais informação, em relação aos credores, sobre as probabilidades de honrar seus compromissos. Intermediários financeiros, bancos em particular, adicionam valor à medida que têm uma melhor tecnologia de aquisição de informação privada e, assim, contribuem para melhorar a eficiência alocativa dos recursos financeiros disponíveis.[1]

O papel que os bancos exercem de aliviar as conseqüências da informação assimétrica torna o setor bancário especial em vários aspectos

* Originalmente publicado *In:* FIUZA, E. P. S. e MOTTA, R. S. (Org.). *Métodos Quantitativos em Defesa da Concorrência e Regulação Econômica*. Rio de Janeiro: Ipea, 2006, p. 795-854.

** Ph.D. em Economia, pela Stanford University. Professor Assistente do Departamento de Economia – PUC-RJ. E-mail: jmpm@econ.puc-rio.br. O autor agradece ao Instituto de Pesquisa Econômica Aplicada (Ipea), à Secretaria de Defesa Econômica do Ministério da Justiça (SDE) e à Associação Nacional de Centros de Pós-Graduação em Economia (Anpec) pelo apoio para a realização deste trabalho. Adicionalmente, agradece os comentários cuidadosos de Ronaldo Seroa, Cleveland Andrade, Thompson Andrade e de todos os participantes dos seminários de apresentação do relatório parcial realizado no Ipea em dezembro de 2004, e de apresentação do relatório final, em abril de 2005, em Brasília. As opiniões refletidas neste trabalho assim como os erros porventura encontrados são de responsabilidade do autor e não das entidades ou pessoas citadas.

1 Ver Gorton e Winton (2002) para uma revisão das justificativas para a existência de intermediação financeira.

importantes do ponto de vista da autoridade de defesa da competição. Essa é a principal motivação por trás deste trabalho. No fim, esperamos mostrar por que os paradigmas de avaliação de conduta e dos atos de concentração devem ser diferentes para o setor bancário, em relação aos outros setores.

A contribuição fundamental deste estudo está na atenção dada ao papel da imperfeição informacional na determinação das especificidades do setor bancário. Essa interação é menos evidente e pouco explorada, especialmente no contexto brasileiro. O entendimento das particularidades para a análise antitruste requer uma visão clara dos pontos em comum a outros setores. Nesse contexto, e no que se refere à análise de fusões e aquisições bancárias, partiremos do arcabouço geral e apontaremos os pontos em que o setor bancário se diferencia. No que se refere à análise de conduta, veremos alguns casos em que comportamentos aparentemente anticompetitivos em outros setores devem ser qualificados de maneira diferente no setor bancário. Além disso, resta a pergunta normativa: poder de mercado é tão prejudicial no setor bancário quanto nos outros setores? Mostraremos que a resposta pode ser não, especialmente se a autoridade de defesa da concorrência estiver preocupada com tomadores de crédito ditos "informacionalmente opacos", como firmas pequenas e consumidores.

Adicionalmente, três fatores fazem com que a análise de antitruste no setor bancário seja complicada, se comparada a outros setores. Primeiro, as considerações de estabilidade do setor bancário o tornam altamente regulado. A interação de regulação e antitruste é largamente ignorada na avaliação de atos de conduta no setor bancário, mas já se mostrou altamente relevante em outros setores, como telecomunicações.[2] A regulação potencializa os incentivos que ofertantes com poder de mercado têm em adquirir poder de mercado em mercados correlatados. Segundo, a desregulamentação do setor altera tanto as barreiras à entrada quanto a estrutura do mercado bancário. Essas alterações, por sua vez, mudam tanto a análise de atos de concentração como a avaliação de conduta e desempenho do setor. Por outro lado, o aumento de regulação de prudência (Basiléia 2, por exemplo) altera potencialmente o regime de competição, o que modifica tanto a análise de atos de concentração como de atos de conduta. Terceiro, mudanças tecnológicas estão, como veremos, alterando a definição de mercado relevante no setor bancário, tanto no que se refere à dimensão geográfica quanto à dimensão

[2] É famosa a chamada Bell Doctrine, estabelecida quando da quebra das Baby Bells em 1982 (ver Joskow e Noll [1999]).

de produto. Os dois últimos pontos mostram que o dinamismo do setor bancário demanda constante atualização dos procedimentos de avaliação dos atos de concentração e dos atos de conduta para esse setor.

Esperamos que, ao final deste trabalho, estejam claras tanto as razões teóricas para a adaptação do guia de atos de concentração e conduta ao caso especial do setor bancário como a relevância de considerar esses fatores na formulação de políticas de defesa da concorrência bancária.

2. Metodologia

São dois os alicerces da metodologia utilizada. Primeiro, as razões teóricas para a especificidade da análise antitruste no setor bancário. Segundo, a evidência empírica da relevância prática dessas considerações teóricas. Procuramos, desse modo, prover a mais sólida sustentação para argumentação a respeito dos pontos nos quais a adaptação tem mérito, levando em conta o estado-da-arte do conhecimento teórico em economia bancária e a mais recente evidência empírica disponível.

Na parte empírica, dois grupos de evidência são usados. Um deles é a evidência direta de testes da teoria. Um exemplo desse grupo são os estudos de estimação da função custo dos bancos, de modo a determinar a presença de economias de escala e escopo, assim como a presença de ineficiência-X. Como veremos, isto é parte fundamental de várias defesas de atos de concentração. Outros exemplos são a estimação das elasticidades cruzadas entre produtos bancários de modo a determinar o mercado relevante e a estimação do grau de clustering, entre outros.

No segundo grupo está a experiência internacional. Tanto nas leis como nas doutrinas e nos casos de antitruste há muita informação relevante a ser extraída para o caso brasileiro. Principalmente na doutrina e nos casos norte-americanos, é documentada experiência relevante.

2.1 *Sistema bancário brasileiro* versus *sistema bancário norte-americano*

No caso da experiência internacional é preciso apontar uma fraqueza da metodologia: a excessiva concentração no caso norte-americano. Há duas razões simples para isso. Em primeiro lugar, é o único país onde há uma história longa de análise antitruste em geral e para o caso bancário em particular. Além disso, e infelizmente, a maioria dos estudos empíricos foi feita com dados norte-americanos.

Isso não nos isenta, no entanto, de reconhecer que nem tudo que se aplica lá se aplica aqui. Os dois sistemas bancários são radicalmente diferentes. Nos Estados Unidos, até meados da década de 1980, havia sérias restrições regulatórias tanto à expansão geográfica dos bancos comerciais quanto ao número de agências que um banco poderia ter. Isso determinou duas diferenças importantes entre o sistema bancários brasileiro e o norte-americano: enquanto nos Estados Unidos a maioria dos bancos ainda é local, no Brasil os bancos são nacionais ou regionais. O relaxamento das barreiras à expansão geográfica dos bancos, ocorrido nos últimos 20 anos, aumentou significativamente o escopo geográfico dos bancos norte-americanos. Porém, a maioria continua sendo local, e a maior parte da experiência antitruste foi construída quando o sistema era basicamente local (ver Berger, Kashyap e Scalise [1995]). Além disso, o tamanho médio de um banco norte-americano é significativamente menor que o de um banco brasileiro.

Essas diferenças – de abrangência geográfica e de tamanho médio – têm várias implicações para a análise feita aqui. O sistema bancário brasileiro é mais concentrado que o sistema norte-americano. Como o efeito de uma fusão depende não só do aumento de concentração, mas também do nível de concentração anterior à fusão, é possível que, no caso brasileiro, o escrutínio de fusões deva ser ainda mais cuidadoso, como argumentaremos a seguir. Adicionalmente, diferenças no tamanho médio dos bancos e na diversificação geográfica produzem diferenças na estabilidade do sistema bancário. Desse modo, o uso da defesa de fusões baseada no argumento de estabilidade tem méritos diferentes nos dois países. Ver a Subseção 3.1.3.3.

Há ainda, nos Estados Unidos, grande separação entre as atividades de varejo, de atacado e de seguros, o que implica que a gama de produtos que um banco brasileiro típico oferece seja mais ampla que a de um banco norte-americano. A origem dessa separação entre atividades de varejo e de atacado é o Glass-Steagall Act, de 1933, em resposta à crise bancária que provocou, ao menos em parte, a grande recessão do começo da década de 1930. O entendimento do legislador norte-americano era de que havia um conflito de interesses entre as atividades de financiamento (varejo) e de *underwritting* (atacado), que levava à má decisão de risco por parte dos bancos e, conseqüentemente, à instabilidade do sistema. Mais uma vez, essas restrições são hoje menos relevantes, com a passagem do Gramm-Leach-Bliley Act, de 1999, que permite que bancos comerciais tenham negócios de *underwritting* e seguros. No entanto, ainda há importantes diferenças nos ativos que um banco brasileiro típico carrega em relação aos de um banco norte-americano.

Como veremos, o caráter de Universal Banking dos bancos brasileiros, em relação aos bancos norte-americanos, pode ter múltiplas implicações para a análise antitruste. Dentre os muitos exemplos podem-se destacar: a) diferença na estabilidade do sistema bancário e, portanto, como esta pode ser usada como defesa de fusões; e b) diferenças no efeito de fusões sobre o poder de mercado.

Dadas essas considerações, procuraremos, sempre que possível, avaliar a aplicabilidade dos argumentos aqui apresentados para o caso brasileiro.

3. Análise de fusões e aquisições no setor bancário

3.1 O arcabouço

A análise de atos de concentração horizontal segue um arcabouço geral, que pode ser descrito da seguinte maneira:

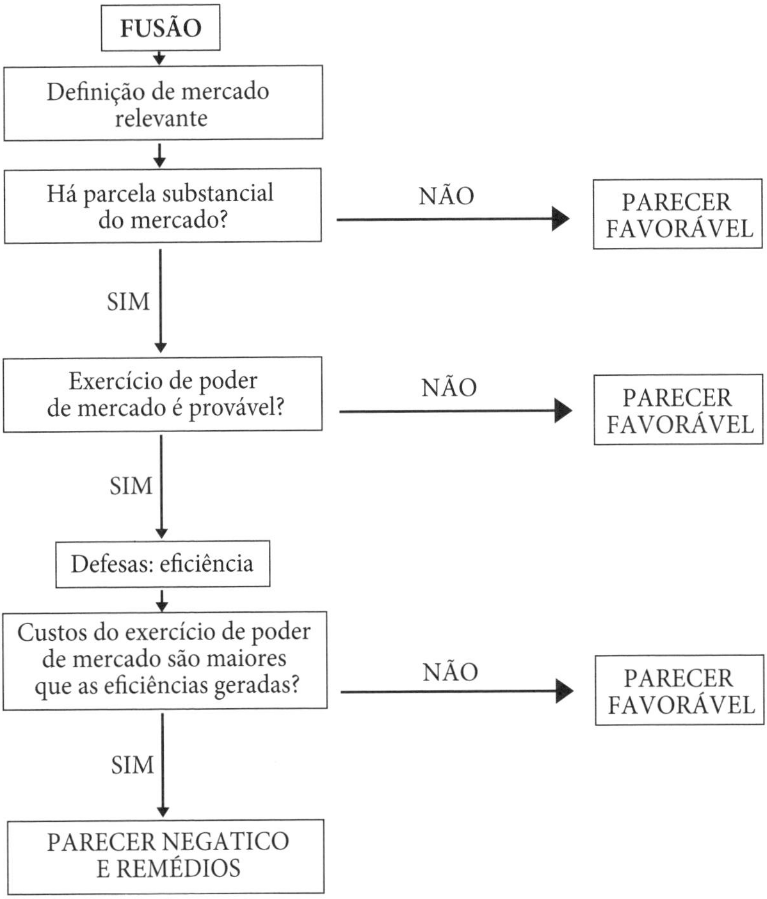

Este arcabouço foi baseado naquele apresentado no guia de análise da Seae/SDE (ver Ministério da Fazenda/Ministério da Justiça [2001]) e é comum a todos os setores. As especificidades do setor bancário aparecem, no entanto, constantemente em cada um dos passos de uma análise de concentração horizontal (ver DOJ [1992]).

Em relação ao arcabouço no guia de análise Seae/SDE há algumas adaptações. A maioria das experiências de defesa da concorrência é norte-americana. No citado caso, geralmente, alguns remédios são propostos com o objetivo de evitar litígios custosos para o contribuinte, por isso incluímos, junto com o parecer negativo, a possibilidade de remédios. Nossa análise, além disso, coloca a determinação do mercado relevante dentro da etapa de averiguar se há parcela substancial do mercado envolvida na fusão. Muitas vezes usaremos a pergunta mais simples "Há aumento de concentração?" em vez de "Há parcela substancial de mercado?". Finalmente, chamamos de defesa o que o guia Seae/SDE chama de eficiências, pois entendemos que o primeiro é mais abrangente que o segundo. Ou seja, na experiência bancária, não só argumentos de eficiências são usados para justificar uma fusão.

3.1.1 Há parcela substancial de mercado? (Há aumento de concentração?)

Os guias de atos de concentração horizontal na maioria dos países começam pela avaliação do efeito da fusão sobre o grau de concentração nos mercados relevantes.[3-4] O importante do ponto de vista de bem-estar social é, no entanto, o efeito de um ato de concentração sobre o poder de mercado. Em tese, concentração não é condição necessária nem suficiente para poder de mercado.[5] No entanto, avaliar precisamente o aumento do

[3] A seguir ficará claro o que é mercado relevante.

[4] Ao longo do trabalho os termos fusão, aquisição e ato de concentração serão usados como sinônimos, a não ser que sejam explicitamente usados com significado diferente.

[5] Por um lado, competição via preço com custos marginais constantes leva a um equilíbrio igual ao de concorrência perfeita, independentemente do número de ofertantes no mercado. Logo, concentração não é suficiente para poder de mercado. Por outro lado, qualquer cartel replica, por definição, o resultado do monopolista. Logo concentração não é necessária para poder de mercado. Obviamente, neste último exemplo, quanto menor o número de competidores, mais fácil será sustentar o cartel. No entanto, é concebível um cartel com pouquíssima concentração.

poder de mercado é difícil e dispendioso, e assim supõe-se, implicitamente, que um aumento de concentração é condição necessária para aumento de poder de mercado.[6] Logo, a ausência de aumento significativo de concentração dispensa o investimento na avaliação do efeito da fusão sobre poder de mercado. Se, no entanto, o grau de concentração aumentar significativamente, então uma investigação mais profunda é justificada.

O que é aumento significativo? Essa pergunta não tem uma resposta teoricamente precisa. É necessário recorrer à prática estabelecida. Nesse ponto, a análise de atos de concentração no setor bancário começa a diferir, na prática internacional, da análise de atos de concentração em outros setores.

No caso norte-americano, por exemplo, uma fusão que aumente o índice de Herfindahl[7] no mercado relevante em pelo menos 50 pontos, para um número final de pelo menos 1.800, justifica uma investigação apurada. No caso do setor bancário, esse aumento deve ser de 200 pontos, também para um grau de concentração final de pelo menos 1.800. Esses números, em termos absolutos, são pouco interessantes para a análise feita aqui. O interessante é a especificidade do setor bancário. O índice de Herfindahl é calculado baseado nos depósitos, e leva em conta os depósitos nas chamadas *thrift institutions*, que são instituições de depósito que não podem carregar a mesma gama de ativos de um banco comercial.[8] O mercado relevante é uma área metropolitana – Metropolitan Statistical Area (MSA) –, no caso de mercados urbanos, e um condado ou dois condados contíguos no caso de mercados rurais.[9]

6 A suposição é razoável. Apesar de concentração não ser condição necessária para poder de mercado, um *aumento* de concentração é condição necessária para um aumento de poder de mercado, tudo o mais constante.

7 O índice de Herfindahl é a soma dos quadrados das fatias de mercado de todas as empresas participantes no mercado multiplicado por 10.000.

8 O que diferencia um banco comercial de uma *thrift institution* é a liberdade de alocação dos depósitos em tipos de ativos. Por exemplo, enquanto uma *thrift institution* não pode emprestar para firmas, ou comprar papéis comerciais, um banco comercial pode. O mais parecido com uma *thrift institution* seria um banco que somente pode fazer hipotecas habitacionais.

9 Uma MSA é equivalente à Região Metropolitana no Brasil. Um condado é um ente administrativo mais abrangente que uma cidade. Geralmente é composto de várias cidades (ver DOJ [1997] e Amel e Starr-McCluer [2002]).

Há várias suposições implícitas por trás desse procedimento. Primeiro, na dimensão geográfica, o mercado relevante é local. Delimitar a dimensão geográfica dessa forma mostra uma preocupação especial com determinados tipos de usuários de serviços bancários, a saber, firmas pequenas e pessoas físicas, cujas demandas seriam locais. Segundo, os depósitos são utilizados porque é um produto mais homogêneo entre as empresas participantes. O uso de depósitos para a mensuração do índice de Herfindahl depende, no entanto, crucialmente da idéia de *clustering*, ou seja, de os serviços bancários serem consumidos conjuntamente. Somente sob essa suposição o uso de depósitos para a mensuração de concentração é uma boa aproximação para a concentração de outros serviços bancários. Terceiro, os bancos comerciais são, relativamente a outros setores, mais sujeitos à competição não-observada, e somente sob essa hipótese justifica-se um tratamento diferenciado no aumento de concentração necessário para iniciar uma investigação (200 *versus* 50). A seguir, analisaremos em profundidade todas essas suposições.

3.1.1.1 Definição de mercado relevante

O mercado relevante, em qualquer setor econômico, é definido usando-se o teste do monopolista hipotético. Segundo esse teste, o mercado relevante é composto do menor grupo de ofertantes, tanto geograficamente como na dimensão de produtos, tal que, se cartelizado, poderia produzir um aumento não-transitório de ao menos 5% no preço em relação à situação de concorrência perfeita. Primeiramente se fixa o mercado geográfico da forma mais local possível – por exemplo, uma área metropolitana. Depois, restringe-se a análise a um só produto – o cheque especial. A seguir, calcula-se o preço sob a situação presente e sob monopólio. Obviamente isso depende da estimação da elasticidade de demanda nesse mercado geográfico. Se o preço do monopolista for ao menos 5% maior que o presente, então o mercado relevante está determinado: a área metropolitana e o cheque especial. Caso contrário, expande-se o mercado relevante. Na dimensão geográfica incluindo todo o estado e na dimensão de produto incluindo um substituto imperfeito, por exemplo, o crédito pessoal. Agora, analisa-se, hipoteticamente, se um monopolista em todo o estado e tanto no cheque como no crédito pessoal poderia aumentar a taxa de juros no cheque especial em pelo menos 5%. Se o aumento for muito maior, restringe-se novamente, e assim por diante, até encontrar o menor mercado, na combinação produto e localidade, no qual o aumento é próximo de 5%.

Um exemplo ilustrativo: suponhamos que dois bancos (com a mesma fatia de mercado, por simplicidade) são os únicos provedores de empréstimos de cheque especial na cidade do Rio de Janeiro. Se esses dois bancos, ao se juntarem, pudessem produzir esse aumento de 5% sem a cooperação de outros bancos localizados no Rio de Janeiro, então o mercado relevante de cheque especial seria composto somente desse produto, na cidade do Rio de Janeiro. O índice de Herfindahl seria calculado baseado nesses dois bancos. Se os dois bancos se juntassem, o índice de Herfindahl aumentaria de 2.500 para 10.000 depois da fusão, claramente justificando a investigação.[10]

Na prática, esse teste é feito de quando em quando porque é dispendioso. Uma vez determinado o mercado relevante, este é usado por um período longo de tempo na análise de fusões. No caso bancário o mercado relevante usado – nos Estados Unidos – é local, e o produto relevante são os depósitos de todos os bancos comerciais mais as *thrift institutions*. Vejamos agora a racionalidade desse procedimento.

- *Dimensão de produtos*

US *versus* Philadelphia National Bank (1963) estabelece a doutrina relevante no que se refere ao mercado de produtos. A idéia é que os consumidores relevantes (firmas pequenas e pessoas físicas) concentram a demanda por todos os serviços bancários em um banco ou poucos bancos. Mais uma vez, a idéia de *clustering* se aplica mais aos citados consumidores do que às grandes corporações.

A idéia de *clustering* se baseia na existência de economias de escopo do lado da demanda. Tecnologia é uma razão para a existência de economias de escopo: tomadores incorrem em custos de procura, de transação e *switch costs* se decidem dispersar sua demanda por serviços bancários. Outra razão é informacional. O relacionamento entre bancos e clientes produz informação privada sobre os últimos. No processo de determinação do acesso a crédito, bancos usam não só informação privada adquirida ao longo do tempo como

[10] Antes da fusão, o índice de Herfindahl é $([0,25]^2+[0,25]^2)*10.000 = 5.000$, e depois da fusão é $(1)^2*10.000 = 10.000$.

informação adquirida por do comportamento dos tomadores quando utilizam outros produtos bancários (ver Mester, Nakamura e Renault [2001]). Dessa forma, principalmente os melhores clientes incorrem em um custo se dispersam sua demanda por serviços bancários em vários bancos.

Mais uma vez, há controvérsias nas literaturas teórica e empírica quanto à atual relevância do *clustering*. Do lado tecnológico, os custos de procura e *switch* dependem do estado-da-arte da tecnologia de provisão de serviços bancários. Por exemplo, alguns autores argumentam que avanços tecnológicos, como Internet Banking, estão diminuindo esses custos, isto é, está se tornando mais barato espalhar a demanda por produtos financeiros em várias instituições bancárias (ver Classens, Glaessner e Klingebiel [2000a] e Classens, Glaessner e Klingebiel [2000b]). Do lado informacional, o *switch cost* induzido por problemas informacionais depende da quantidade de informação pública sobre os tomadores, como a disponibilidade de avaliação de risco por modelos de *credit scoring* e o compartilhamento de informação entre os bancos. Como a estrutura de informação (quão compartilhada a informação é pelos bancos) e a evolução tecnológica alteram a definição de mercado? No Brasil, por exemplo, a introdução da Central de Risco pode alterar tanto os custos informacionais em mudar de banco como os custos de demandar diferentes produtos em diferentes bancos.[11] Na prática, a autoridade de defesa da competição gostaria de saber duas coisas. Primeiro, quando da avaliação específica da aquisição de um banco por outro, qual a variável relevante para medir o aumento no índice de Herfindahl? Cada produto? A quantidade total de crédito ou depósitos?

Idealmente, a autoridade de defesa da concorrência deveria calcular o efeito sobre a concentração em todos os produtos bancários relevantes. Isso não é feito porque o processo seria muito custoso. O método historicamente utilizado é calcular a concentração no mercado de depósito à vista, pois depósito é um produto homogêneo entre os bancos e há mais disponibilidade de dados sobre eles, em relação a empréstimos. O *trade-off* é claro. Usar depósitos é barato, mas sua aplicabilidade depende crucialmente

[11] Ver Pagano e Japelli (1993) e Japelli e Pagano (2000) para compartilhamento de informação, e Akhavein, Frame e White (2001) para disseminação do uso de modelos de *credit scoring*.

da importância do *clustering*: se o *clustering* é importante, então medidas de concentração baseadas em depósito à vista são uma boa aproximação para a concentração em outros produtos.

Alguns estudos empíricos avaliam a adequação atual do conceito de *clustering*. Amel e Hannan (2000) estudam as elasticidades cruzadas entre depósitos à vista e produtos alternativos. Cyrnak e Hannan (1999) usam dados do Community Reinvestment Act (1995) para avaliar se medidas de concentração baseadas em empréstimos têm melhor desempenho do que a medidas baseadas em depósitos como fator para explicar as taxas de juros praticadas nos empréstimos e chegam à conclusão que não. Isso corrobora a visão de que o *clustering* ainda é importante.

Há ainda uma outra metodologia para avaliar a importância do *clustering* bancário. Pode-se pensar na demanda por serviços bancários em dois estágios: no primeiro escolhe-se um banco, no segundo escolhe-se o quanto se consome de cada produto no banco escolhido. Essa abordagem, que se assemelha muito à estimação de produtos diferenciados, é objeto do Capítulo 3 deste livro, e por isso não a detalharemos aqui.[12] É interessante notar que a controvérsia sobre o conceito de *clustering* já ultrapassa o mundo acadêmico no caso norte-americano. Os dois principais reguladores da concorrência no setor bancário, o Federal Reserve Board (FED) e o Department of Justice (DOJ), já usam métodos diferentes. Enquanto o FED segue a linha tradicional, utilizando depósito à vista para calcular concentração, o DOJ cada vez mais utiliza concentração nos produtos que julga relevantes em cada caso de fusão particular. Um exemplo interessante são três casos recentes analisados pelo DOJ: as fusões entre o Society e a Ameritrust, o Comerica e o Manufacturers National e a compra do Security Pacific pelo Bank of America (ver Guerin-Calvert e Ordover [1992], DOJ [1992b] e DOJ [1992c]). Nos dois primeiros casos, o mercado de produtos relevantes foram os empréstimos para capital operacional e contas correntes para firmas pequenas. No último caso, o mercado relevante foram capital de giro e produtos de gestão de liquidez para firmas médias.

12 Para um tratamento geral de modelos de estimação de demanda por produtos diferenciados, ver o Capítulo 1 deste livro.

- *Dimensão geográfica*

A doutrina estabelecida, para o caso norte-americano, em US *versus* Philadelphia National Bank (1963) é que o mercado relevante é local. A preocupação da Suprema Corte norte-americana era com consumidores informacionalmente opacos, como firmas pequenas e pessoas físicas, e a percepção era de que suas demandas eram locais. Acreditava-se (e acredita-se) que outros consumidores de serviços bancários, como grandes corporações, têm acesso a substitutos razoáveis ao crédito bancário, como os mercados de dívida e ações. Além disso, eles teriam mais acesso a bancos localizados a longa distância. Como a estrutura do mercado bancário norte-americano era (e continua sendo, em larga escala) fragmentada localmente, as fusões teriam mais efeito nos mercados locais, e logo os potencialmente atingidos seriam aqueles cuja demanda por serviços bancários é local, ou seja, firmas pequenas e pessoas físicas.

Os resultados tanto da literatura teórica como empírica de economia bancária mostram que o mercado de crédito para tomadores opacos do ponto de vista de informação, como pequenas empresas e pessoas físicas, tende a ser mais localizado. Novamente, tecnologia e estrutura de informação determinam que o mercado seja local para esses tomadores (ver Berger, Kappler e Udell [2001] e Marquez [2002]). Para a autoridade de defesa da competição, isso sugere que os aumentos de concentração no mercado bancário devem ser considerados em diversas esferas geográficas. Por exemplo, no caso norte-americano, não é incomum que as diversas autoridades de defesa da competição no mercado bancário (o FED, o DOJ e a Federal Deposit Insurance Corporation [FDIC]) aprovem uma fusão, porém exijam que, em determinados mercados locais nos quais a fusão produz um aumento significativo da concentração, agências sejam vendidas (*divestiture*) (ver Bingaman [1995], Robinson [1996] e Litan [1994]). A principal motivação por trás dessa exigência é a preocupação com os efeitos da fusão para a disponibilidade de crédito para pequenas empresas.

É importante que a autoridade de defesa da competição mantenha em mente que a definição de mercado no setor bancário não é estática. Avanços tecnológicos e aumentos de compartilhamento de informação podem mudar o escopo geográfico da demanda. Petersen e Rajan (2002), por exemplo, avaliam se a distância continua sendo um fator importante para a demanda de crédito por pequenas empresas nos Estados Unidos e concluem que a distância vem perdendo, morosa, porém paulatinamente, importância como determinante da demanda bancária. Berger e De Young (2002) estudam como avanços tecnológicos estão afetando, pelo lado da oferta, a dimensão geográfica do mercado bancário norte-americano. Kwast, Starr-McCluer e Wolken (1997), também para o mercado norte-americano, estudam se a definição de mercado de crédito pode estar mudando, e como isso afeta a política antitruste. Simmons e Stavins (1998) analisam se os guias de avaliação de fusões e aquisições bancárias estão se tornando obsoletos dadas as mudanças tecnológicas e de estrutura de mercado no mercado bancário norte-americano.

No entanto, boa parte da literatura empírica mais recente continua corroborando a suposição de que os mercados bancários são locais nos Estados Unidos. Amel e Starr-MacCluer (2002), usando dados de uso de produtos financeiros por pessoas físicas, detectam pouca mudança geográfica da demanda entre o fim dos anos 1980 e o fim dos anos 1990. Kwast, Starr-McCluer e Wolken (1997) encontram também pouca evidência de mudança.

De modo geral, a conclusão que se pode tirar da literatura empírica norte-americana é que, apesar da dimensão geográfica estar, potencialmente, mudando, essa mudança não é tão acentuada como se esperava. Por hora, a definição local ainda parece válida para firmas pequenas e pessoas físicas.

Infelizmente, no Brasil não temos dados da qualidade, por exemplo, do Survey of Small Business Finances (SSBF) ou o Survey of Consumer Finances (SCF), para avaliar diretamente qual o escopo, tanto geográfico como de produto, do mercado bancário (ver Quadro 1). Por isso, este trabalho procurará estabelecer as razões teóricas não só para determinar a extensão geográfica do mercado bancário como também para entender por que a definição de mercado é diferente para distintos tomadores. A literatura empírica a respeito da definição de mercado relevante também será revisada. No entanto, ela invariavelmente se refere a outros mercados bancários, o que torna necessário interpretá-la com cuidado no que se refere à sua aplicabilidade ao mercado bancário brasileiro.

QUADRO 1

OS *SURVEYS* NORTE-AMERICANOS

A maior parte da análise antitruste norte-americana utiliza largamente as pesquisas diretas sobre o consumo de serviços financeiros por indivíduos e firmas pequenas. As duas principais pesquisas são o SSBF e o SCF. Infelizmente, esses dados não estão disponíveis para a autoridade antitruste e os pesquisadores brasileiros. No entanto, é ilustrativo descrevê-los, pois eles são um dos objetivos de coleta de informação.

Ambas as pesquisas são telefônicas, voluntárias e representativas do universo de consumidores de serviços financeiros. Ambas coletam informação detalhada sobre a demanda e utilização de produtos de crédito (empréstimos), de manejo de liquidez, de sistemas de pagamento e, finalmente, de produtos de depósito. Dentre as informações sobre esses produtos estão a quantidade utilizada, a disponibilidade do serviço (principalmente no caso de crédito) e o preço (ou taxa de juros). Além disso, no caso do SSBF há informação sobre o uso de crédito informal, como *trade credit*, ou crédito dado pelos fornecedores da empresa.

Ainda mais relevante para as autoridades de defesa da concorrência, essas pesquisas contêm informação sobre o relacionamento dos clientes com seus bancos. Observa-se, por exemplo, a duração do relacionamento, a quantidade de bancos com os quais o cliente faz negócio, qual o principal banco, a distância do cliente em relação a cada banco com o qual ele faz negócio, como se dão as transações entre o cliente e o banco (pessoalmente, por telefone, via Internet etc.).

Há também alguma informação sobre a posição financeira dos clientes, como o total de ativos e passivos, posição de liquidez, assim como fluxos relevantes (renda e gastos).

Finalmente, há informação sobre as características dos clientes. No caso do SSBF, por exemplo, incluem idade da firma, *status* jurídico, *credit score* etc.

Os dados de utilização de serviços financeiros e de relacionamento com os bancos podem ser cruzados, permitindo monitorar a relevância do *clustering* para serviços bancários. Como há informação sobre a distância dos clientes e dos bancos, pode-se também avaliar diretamente o mercado relevante, do ponto de vista da demanda.

3.1.1.2 De volta à medida de concentração

O lado da demanda define o mercado relevante em termos geográficos e de produtos. No lado da oferta é preciso determinar quais os bancos, ou instituições financeiras, que devem ser levados em conta na hora de calcular as fatias de mercado. Certamente todos os localizados no mercado geográfico relevante que estão oferecendo, no presente, os produtos relevantes. Além deles é comum incluir aqueles que oferecem produtos que, se não são substitutos perfeitos, ao menos são substitutos próximos. Isso justifica a inclusão de *thrift institutions* no cálculo de fatia de mercado no caso norte-americano. Além disso, há a percepção de que, no setor bancário, outros competidores não observados podem atenuar o efeito de fusões. Como o mercado é definido localmente, e alguns clientes podem estar fazendo negócio com bancos distantes, o aumento de concentração em análise de fusões bancárias é de ao menos 200 pontos no índice de Herfindahl, em vez de 50 em outros setores.

Finalmente, em análise de atos de concentração bancária nos Estados Unidos, é levada em conta (em alguns), no cálculo das fatias de mercado, a presença dos ditos entrantes não-comprometidos. Esses são bancos que, apesar de na hora da fusão não ofertarem produtos relevantes, nem substitutos próximos, já incorreram em todos os custos afundados e fixos para fazê-lo. O caso da fusão Comerica-Manufacturers é um exemplo recente.

3.1.2 Exercício de poder de mercado provável?

Como foi dito, a presença de aumento da concentração é vista como condição necessária, porém não suficiente, para a real preocupação das autoridades de defesa da concorrência: o aumento de poder de mercado. Ou seja, dado um aumento de concentração, é provável um maior exercício de poder de mercado? Usamos esses dois conceitos, aumento de poder de mercado e exercício de poder de mercado, como sinônimos neste trabalho.

Antes de tudo é preciso ter em mente que o potencial aumento de poder de mercado será específico para cada mercado relevante em questão. Trivialmente, a concentração pode não aumentar em alguns mercados locais, o que impede que o poder de mercado aumente. Esta é a diferença entre concentração intra e intermercado. Um ato de concentração pode, no limite, não aumentar em nada o poder de mercado. Basta que os dois bancos que se juntam não operem em nenhum mercado comum. No caso da consolidação do setor bancário norte-americano, nos últimos 25 anos, aproximadamente metade das fusões foi intermercado (ver Roadhes [1999]).

Quais são os determinantes do aumento de poder de mercado, além do aumento de concentração? Dois fatores são operativos: condições de entrada e mudança do regime de competição. Apesar de esses dois fatores não serem específicos ao setor bancário, sua influência potencialmente é, principalmente pela presença de assimetria de informação.

3.1.2.1 Condições de entrada

As condições de entrada determinam a probabilidade de que um ato de concentração aumente o exercício de poder de mercado. Ou seja, elas determinam a probabilidade de aumento de poder de mercado. As condições de entrada são motivadas por alguns fatores. Primeiramente, a relevância das barreiras à entrada. Segundo, a rapidez com a qual potenciais entrantes responderiam a aumentos de preço no mercado relevante. Terceiro, havendo entrada, isso é suficiente para disciplinar o mercado?

Nesta subseção, analisaremos as barreiras à entrada. As seções de efeitos unilaterais, coordenados e de mudança de regime de competição dão conta dos fatores rapidez e suficiência.

Há três tipos de barreira à entrada no setor bancário: a) tecnológicas (isto é, de escala), b) regulatórias e c) informacionais. Elas estão na ordem de especificidades ao setor bancário.

- *Tecnológicas*

Não há evidência empírica da presença de economias de escala para bancos, principalmente no tipo de fusão mais relevante para a análise antitruste: a fusão intramercado. Para fusões intermercado, há alguma evidência de economias de escala na diversificação de risco. Uma análise mais detalhada da evidência sobre economias de escala na parte das defesas será realizada a seguir.

- *Regulatórias*

A preocupação com a estabilidade do sistema bancário é a origem da regulação prudencial. Essa preocupação tem tanto fundamentos empíricos quanto teóricos.

A responsabilidade limitada faz com que as firmas em geral, e os bancos em particular, tenham incentivos desalinhados e assumam mais risco do que o desejado (ver Jensen e Meckling [1976]). Os casos do Savings and Loans Scandal, nos Estados Unidos, e a bancarrota do Banco Nacional (no Brasil) são apenas dois entre os muitos exemplos disso. No setor bancário esses problemas são especialmente graves. Primeiro, e ao contrário de outras indústrias, o setor bancário está submetido a corridas, isto é, há a possibilidade de que bancos com fundamentos perfeitamente solventes se tornem insolventes simplesmente porque os depositantes acreditam que ele está insolvente (ver Diammond e Dybvig [1983]). Pior, há a possibilidade de contaminação: o fato de que um banco esteja em dificuldade aumenta a probabilidade de que outros também se encontrem na mesma situação (ver Allen e Gale [2000], Dewatripont e Tirole

[1994] e Freixas e Rochet [1997]). Além disso, as conseqüências de uma crise bancária para a atividade econômica em geral são gravíssimas.

Como a regulação bancária prudencial cria barreiras à entrada? Primeiro, os requerimentos de capital aumentam os custos percebidos de entrar no setor. Segundo, há a chamada percepção de "muito grande para falir", ou seja, de que bancos grandes seriam sempre salvos pela autoridade monetária. Nesse caso, os depositantes perceberiam esses bancos como mais seguros em relação aos competidores e em relação aos potenciais entrantes, o que lhes daria uma vantagem competitiva. Tudo o mais constante, aumenta o custo percebido de entrar.

- *Informacionais*

Problemas informacionais determinam o grau de contestabilidade no mercado de crédito (ver Dell'Ariccia [2001] e Marquez [2002]).

Esse efeito se evidencia pelo fato de que, uma vez que os bancos incumbentes estabelecem relacionamento com os tomadores, os potenciais entrantes na indústria correm o risco de recrutar somente os piores tomadores. Dessa forma, os custos de entrada são endógenos e diminuem significativamente o grau de contestabilidade do mercado de crédito (ver Baumol, Panzar e Willig [1982] e Sutton [1991]). Para a autoridade de defesa da competição, essa possibilidade é crucial quando do julgamento de atos de concentração. Além das defesas positivas (aproveitar economias de escala, por exemplo), uma defesa típica de atos de concentração consiste em argumentar que os efeitos maléficos da concentração para os consumidores não ocorrerão porque o mercado é contestável. Em relação a outros mercados, o mercado bancário seria menos contestável. O guia de avaliação de atos de concentração bancária deve, em resposta, ajustar suas expectativas de como a contestabilidade evita os efeitos maléficos de um aumento no poder de mercado.

É interessante notar que essas considerações já aparecem fora dos meios acadêmicos. No caso da fusão Society-Ameritrust, o DOJ, preocupado com o efeito sobre o mercado para um produto de crédito sem garantias, capital de giro, explicitamente cita a desvantagem informacional de potenciais entrantes como barreira à entrada (ver Guerin-Calvert e Ordover [1992]).

3.1.2.2 Mudança no regime de competição

- *Teoria*

Por construção, atos de concentração levam, ao menos no curto prazo, a uma diminuição do número de competidores no mercado relevante.

Essa diminuição tem, teoricamente, dois efeitos maléficos sobre o grau de competitividade em qualquer setor: a) mantido o mesmo regime de competição, essa diminuição arrefece a competitividade – o exemplo clássico é a competição via quantidade: em um modelo de Cournot, quanto maior o número de firmas, maior a quantidade e menor o preço em equilíbrio (ver Tirole [1988]) – b) no entanto, pode também mudar o regime de competição — um exemplo é o aumento da facilidade de sustentar um cartel com uma diminuição do número de competidores.[13]

Suponha, por simplicidade, que a demanda seja linear, ou seja, $p(Q) = a - bQ$, e que o custo marginal seja constante e igual a c (onde a > c). Suponha também que as firmas interagem infinitas vezes em um mercado. Seja â a taxa de desconto intertemporal das firmas.[14] Considere o seguinte problema de sustentação de um cartel com N participantes. Seja $(\Pi^{\text{cartel}}, q^{\text{cartel}})$ o lucro por firma e a quantidade produzida em situação de conluio; $(\Pi^{\text{cournot}}, q^{\text{cournot}})$ o lucro por firma em competição de Cournot e $(\Pi^{\text{desvio}}, q^{\text{desvio}})$ o lucro por firma se, enquanto todas as outras $N - 1$ jogam a quantidade de conluio, a firma joga o desvio ótimo. Em que circunstâncias cada firma i jogando a estratégia

$$S_i = (s_{i1}, s_{i2}, \ldots) = \begin{cases} \text{jogar } q^{\text{cartel}} \text{ em } t = 0 \\ \text{jogar } q^{\text{cartel}} \text{ em } \hat{o} \geq 1, \text{ se } s_{jt} = q^{\text{cartel}} \text{ em todo } t < \tau \\ \text{jogar } q^{\text{cournot}} \text{ para sempre caso contrário} \end{cases}$$

será um equilíbrio perfeito em subjogos (EPS)?

Antes de tudo, é preciso calcular os lucros de conluio e Cournot. A quantidade ótima de conluio é:

$$Q^{\text{cartel}} = \arg\max_{q} Q(a - bQ - c) = \frac{a - c}{2b}$$

[13] Esta subseção tem relação direta com o tema conluio tácito. Como o que estamos analisando aqui é a perspectiva de um ato de concentração provocar uma mudança no regime de competição, é útil expor uma teoria geral, não-específica ao setor bancário.

[14] Pode-se interpretar β como $1/(1+r)$ onde r é a taxa de juros.

Portanto, a quantidade e o lucro de conluio, por firma, são:

$$q^{\text{cartel}} = \frac{a-c}{2bN} \text{ e } \Pi^{\text{cartel}} = \frac{(a-c)^2}{4bN}$$

Sob competição de Cournot, a quantidade ótima de cada firma é:

$$q^{\text{counot}} = \arg\max_{q_i} q_i \left[a - b\left(\sum_{j \neq i} q_j + q_i \right) - c \right]$$

Em um equilíbrio simétrico cada firma produzirá $q^{\text{cournot}} = \frac{(a-c)}{b(N+1)}$, e seu lucro será $\Pi^{\text{cournot}} = \frac{1}{b}\left(\frac{a-c}{N+1} \right)^2$.

A primeira condição é que nenhuma firma tenha incentivo a desviar do caminho de equilíbrio. Qual é o desvio ótimo da firma *i*, dado que todas as outras firmas $j \neq i$ estão jogando s_j?

$$q^{\text{desvio}} = \arg\max_{q} q \left[a - b\left(\left(\frac{N-1}{N} \right)\left(\frac{a-c}{2b} \right) + q \right) - c \right] = \frac{(a-c)}{4bN}$$

O lucro que a firma *i* aufere se assim o faz é

$$\Pi^{\text{desvio}} = \frac{1}{b}\left(\frac{a-c}{4} \right)^2 \left(\frac{N+1}{N} \right)^2.$$

Para que as estratégias propostas constituam um EPS, é preciso que nenhuma firma tenha interesse em desviar. Como o problema é todo simétrico, basta resolver para uma firma arbitrária i qualquer. A seguinte condição deve ser satisfeita:

$$\frac{\Pi^{\text{cartel}}}{1-\beta} \geq \Pi^{\text{desvio}} + \frac{\beta \Pi^{\text{cournot}}}{1-\beta}$$

Substituindo as expressões para Π^{cartel}, Π^{desvio} e Π^{cournot} na expressão acima e resolvendo a desigualdade para β, temos:

$$\beta \geq \frac{\left(\frac{N+1}{4N}\right)^2 - \left(\frac{1}{N+1}\right)^2}{\left(\frac{N+1}{4N}\right)^2 - \frac{1}{4N}}$$, que é bem definida para N > 1.

Esta expressão define um limite inferior para a impaciência das firmas (quanto maior a impaciência, menor β). Seja:

$$\beta_{\min}(N) = \frac{\left(\frac{N+1}{4N}\right)^2 - \left(\frac{1}{N+1}\right)^2}{\left(\frac{N+1}{4N}\right)^2 - \frac{1}{4N}}. \text{ Então } \frac{d\beta_{\min}}{dN} > 0.$$

Isso significa que a taxa mínima de impaciência cresce com um aumento de N, ou seja, é mais difícil sustentar um cartel com mais participantes.

É bastante concebível que, antes da fusão, o regime de competição era Cournot e o cartel não era sustentável. Com a fusão, diminui N, o que reduz o nível mínimo de impaciência (cai β), e o cartel passa a ser sustentável. É assim que uma fusão pode mudar o regime de competição.

Note que, se há desvio, as estratégias especificam jogar Cournot para sempre, ou seja, envolvem Nash Reversion fora do caminho de equilíbrio. Logo, se β satisfaz a desigualdade acima, as estratégias constituem um EPS.

- *Evidência empírica e estimação*

O modelo descrito mostra a possibilidade teórica de haver uma quebra estrutural no regime de competição. Um ato de concentração, como dissemos, não só aumenta o poder de mercado para um dado regime de competição, como pode alterar o próprio regime de competição. Agora, vamos delinear um método empírico que ajuda a identificar essa quebra estrutural no regime de competição. O método, adicionalmente, provê informação relevante sobre como o regime de competição é alterado quando o tamanho do mercado relevante aumenta. Por isso, é útil também para a avaliação de como um mercado em expansão pode atenuar os efeitos anticompetitivos de um ato de concentração.

Bresnahan e Reiss (1990 e 1991) documentam, para alguns mercados, uma forte evidência de que o regime de competição muda com a entrada de novos competidores no mercado. O método utiliza uma fonte de variação importante entre mercados: seu tamanho. Como tamanho do mercado determina entrada, e esta pode alterar o regime de competição, o método, em última instância, relaciona tamanho do mercado com conduta competitiva. Nos mercados estudados por Bresnahan e Reiss (1990), infelizmente não-bancários, a conduta muda com os primeiros entrantes, ficando rapidamente constante quando há mais de três competidores. Isso mostra que é concebível que a competição perfeita seja atingida rapidamente.

Para as autoridades bancárias esse resultado é bastante importante, pois uma fusão em um mercado que está se expandindo, como o brasileiro, tende a ser menos problemática. Se efeitos anticompetitivos aparecessem, eles seriam temporários. Obviamente, isso é uma conjectura, pois não há, mesmo para o caso norte-americano, nenhuma evidência concreta de como a conduta muda com o tamanho de mercado e o número de competidores.

a) O modelo

O método de estimação é bastante simples. Pelo lado da demanda, suponha que:

$$Q = D(P;Z)\, s(Y)$$

onde Q é a quantidade demandada, P é o preço, Z e Y são variáveis demográficas que afetam a demanda. $Q(\cdot;\cdot)$ é a demanda individual, e $s(.)$ é o número de consumidores, ou seja, determina o tamanho do mercado.

Pelo lado da oferta, suponha que as firmas incorrem em um custo fixo $F(W)$ e em um custo marginal $f(q;W)$, onde q é a quantidade produzida por firma e W é um conjunto de variáveis exógenas que afetam a função custo.

Como N varia com um aumento no tamanho do mercado, ou seja, com um aumento em $s(.)$? Suponha que o mercado estava em um equilíbrio de longo prazo com um monopolista. Isso significa que o lucro máximo do monopolista é exatamente suficiente para recuperar o custo fixo $F(W)$. Um aumento em $s(.)$ aumenta a margem do monopolista, o que provoca entrada. A entrada altera o regime de competição. Se o mercado continua a crescer, mais e mais firmas entram. Muitas teorias de oligopólio prevêem então que mais e mais firmas provocarão uma queda contínua nas margens nesse mercado. No limite, quando a demanda cresce infinitamente, a margem deve ir para o nível competitivo. A questão interessante é: quão rápido isso ocorre?

O lucro do monopolista no mercado é:

$$\Pi_{mo} = \max_{P} PD(P;Z)s(Y) - \int f(D(P;Z)s(Y);W)dP - F(W)$$

Para que haja, ao menos, uma firma no mercado é preciso que o tamanho mínimo S_{mo} seja tal que o monopolista tenha lucro 0. Seja P^* o preço que soluciona o problema do monopolista. Podemos reescrever a condição acima como:

$$\Pi_{mo} = (P^* - AVC(q^*;W))d(P^*;Z)S_{mo} - F(W) = 0 \leftrightarrow S_{mo} = \frac{F(W)}{(P^* - AVC(q^*;W))d(P^*;Z)}$$

Ou seja, o tamanho do mercado que sustenta um monopolista é a razão entre os custos fixos e o lucro variável por consumidor.

Considere agora o tamanho mínimo, por firma, do mercado em competição perfeita, S_{comp}. Ele nada mais é que $S_{comp} = \lim_{N \to \infty} \frac{S_N}{N}$, onde S_N é o tamanho mínimo do mercado em um oligopólio com N firmas. A razão $\frac{S_{comp}}{S_{mo}}$ mede a queda nos lucros variáveis (da indústria) entre o monopólio e a competição perfeita. Já a razão $\frac{S_{comp}}{S_N/N}$ mede quão rápido o oligopólio se aproxima da competição perfeita. Se, por exemplo, $\frac{S_{comp}}{S_N/N} = 1$ para $N = 4$, então a quarta firma a entrar no mercado o transforma em competição perfeita. Desse modo, os tamanhos mínimos do mercado são informativos sobre a velocidade com a qual a competição se torna perfeita, ou seja, de como a entrada muda o regime de competição. Analogamente, eles são informativos de como uma fusão pode alterar o regime de competição negativamente.

b) O método de estimação

O modelo é implementado por um procedimento de probit ordenado. Especifica-se, primeiramente, o lucro observado do N-ésimo entrante no mercado i como:

$$\Pi_N = V_N(W, Z; \varphi)\, s(Y; \beta) - F_N(W; \eta) + \varepsilon_i$$

s (Y;â) é o tamanho do mercado por firma, que é uma função de variáveis demográficas exógenas Y e de parâmetros ß; $V_N(W, Z; \varphi) = [P_N - AVC(q_N; W)]d(P_N; Z)$ é o lucro variável por firma, que é uma função de variáveis demográficas exógenas *W* e *Z* e de parâmetros φ; por fim, $F_N(W;\eta)$ é o custo fixo da *N*-ésima firma entrante, que é função de fatores exógenos que movem os custos fixos, *W*, e parâmetros da função custo fixo; por fim, ε_i contém todos os fatores não-observáveis que influenciam os lucros no mercado *i*. Observa-se um número *N* de firmas no mercado se, e somente se, $\Pi_N > 0$ e $\Pi_{N+1} < 0$.

Seja $\overline{\Pi}_N = V_N(W, Z; \varphi)\, s(Y; \beta) - F_N(W; \eta)$ o lucro médio no mercado i. Sob a suposição (bastante razoável) de que $\overline{\Pi}_N > \overline{\Pi}_M\ \forall\ N < M$, pode-se estimar os parâmetros do modelo com um probit ordenado (supondo normalidade de ε_i):

$P(\Pi_N > 0 \text{ e } \Pi_{N+1} < 0) = \Phi(\overline{\Pi}_N) - \Phi(\overline{\Pi}_{N+1})$, onde $\Phi(\bullet)$ é a cumulativa da normal. Seja I o número de mercados. A função verossimilhança a ser maximizada nos parâmetros é:

$$L(N_1, \ldots, N_I) = \sum_{i=1}^{N} \Phi(\overline{\Pi}_N) - \Phi(\overline{\Pi}_{N+1})$$

Para implementar a estimação, é preciso especificar as funções *s (Y; β)* (tamanho do mercado); $V_N(W, Z; \varphi)$ (lucro variável médio); e $F_N(W;\eta)$ (custo fixo). Bresnahan e Reiss (1990) sugerem especificações lineares; *Y* inclui população no mercado relevante e crescimento populacional; e *Z* inclui dados socioeconômicos do censo. No caso do mercado bancário, poder-se-ia incluir, por exemplo, o número de firmas não-financeiras, atividade econômica local, como controles para a demanda por crédito. Finalmente *W* (os determinantes da função custo) pode incluir preço da terra e salários no mercado de trabalho local (principalmente do setor de serviços, no caso bancário).

Tendo estimado os parâmetros, as estimativas são substituídas na função lucro médio, a partir do lucro médio estimado recupera-se

$$\frac{S_N / N}{S_{N+1} / N+1}$$

. Esse objeto pode ser interpretado de duas formas: se ele fica constante a partir de certo N, a competição perfeita é atingida a partir daquele *N*; e quando $\frac{S_N / N}{S_{N+1} / N+1}$ é suficientemente pequeno, isso quer dizer que há mudança no regime de competição de *N* para *N + 1* firmas. Nesse sentido, uma fusão que diminua o número de competidores de *N + 1* para *N* produziria um aumento no poder de mercado, além daquele produzido pela concentração *per se*.

Além disso, o método produz uma estimativa no efeito da perspectiva de expansão do mercado na determinação do regime de competição. S_N / N mostra como a velocidade com que a competição perfeita é atingida depende da taxa de crescimento do mercado. Com isso, S_N / N ajuda a avaliar se um aumento grande na concentração tem chance de produzir um aumento permanente no poder de mercado. Se S_N / N é bastante sensível a mudanças na taxa de crescimento do mercado, e se o mercado relevante está de fato se expandindo, então não há muita razão para preocupação.

Consistente com essas observações, o DOJ leva em consideração a taxa de expansão do mercado quando analisa fusões no mercado bancário (Guerin-Calvert e Ordover [1990]).

- *Efeitos coordenados*

Efeitos coordenados se referem à possibilidade de, depois da fusão, as firmas remanescentes se coordenarem para aumentar seus preços. Essa possibilidade pode ser avaliada pelo método de estimação descrito. A condição necessária para que isso ocorra é que a fusão possibilite a formação de cartel. Para isso, há três condições suficientes. A primeira é que o custo de entrada de novo seja alto.[15] A segunda é que os competidores bancários que não operam no mercado de produto relevante (por exemplo, capital de giro), mas operam no mercado geográfico, não tenham capacidade de responder ao aumento coordenado de preços, com o objetivo de conquistar mercado. A terceira é que o cartel, geralmente implícito, seja *enforceable*, ou seja, que existam mecanismos de punir os bancos desviantes.

Entrada de novo é feita por entrantes ditos comprometidos, ou seja, que não incorreram em custos afundados no mercado geográfico relevante. Sua possibilidade depende crucialmente dos custos afundados de entrada. Estes, por sua vez, dependem, no caso bancário, do produto relevante em questão. Dadas as barreiras informacionais, os custos de entrada tendem a ser altos para produtos de crédito, principalmente empréstimos não-seguros (como linhas de crédito) para tomadores informacionalmente opacos, como firmas pequenas e indivíduos. Se o mercado de produto relevante são depósitos ou serviços de administração de liquidez, a tendência é que os custos afundados de entrada sejam relativamente baixos. Nesse ponto, o guia de análise deve avaliar quais os produtos e para que tipos de cliente o aumento de concentração é maior. Se forem aqueles em que os custos afundados de entrada são altos, há mais motivo de preocupação. Vamos agora rever um pouco da experiência norte-americana sobre efeitos coordenados em fusões bancárias. A teoria e os casos para outros setores estão extensivamente revisados no Capítulo 6 deste mesmo livro.

Na experiência de análise norte-americana, ocorre, freqüentemente, que diferentes mercados de produtos para diferentes tipos de clientes relevantes sejam diferentes em diferentes fusões. Entre as fusões do começo da década de 1990, na Society-Ameritrust e na Comerica-Manufacturers National, o produto relevante era capital operacional para firmas pequenas; no caso do Bank of America – Security Pacific era capital de giro e produtos de administração de liquidez para firmas médias. Isso não quer dizer que o mercado de produto era diferente, mas sim que os produtos e clientes mais afetados pelo aumento de concentração eram diferentes. No primeiro caso, havia mais razão para preocupação com os altos custos de entrada (ver Guerin-Calvert e Ordover [1990]).

15 Entrada de novo se refere à entrada de competidores que não possuem operação prévia no mercado, e que entram não pela aquisição de algum competidor já estabelecido no mercado, mas lançando uma operação nova.

Os competidores já estabelecidos no mercado geográfico relevante, mas que não operaram nos produtos em questão, são chamados de concorrentes não-comprometidos. Esses concorrentes são aqueles que já incorreram em custos afundados de instalação, ou que recentemente aumentaram sua capacidade de expansão, de modo que poderiam responder rapidamente a aumentos de preço. Como o mercado bancário é composto de muitos tipos diferentes de produtos e muitas empresas, que não bancos comerciais, oferecem produtos financeiros, é preciso considerar seriamente os concorrentes não-comprometidos na avaliação da possibilidade de efeitos coordenados. Mais uma vez a análise será caso a caso e dependerá do tipo de produto e do tipo de cliente em consideração.

Finalmente, com relação à capacidade de o cartel detectar e punir os desviantes, alguns indícios são informativos. Se os bancos usam uma regra uniforme de classificação de grupo de risco para os tomadores, aumenta a facilidade com que se detecta um desvio. Outro indício de que é fácil detectar e punir bancos desviantes é se os termos dos empréstimos (taxa ao tomador) são ligados aos custos – por exemplo, o custo de financiamento, isto é, a Selic – por uma fórmula de conhecimento público.

- *Efeitos unilaterais*

Os efeitos unilaterais se referem à capacidade de o banco formado após a fusão aumentar preços sem os competidores no mesmo mercado geográfico e de produto responderem. Em mercados com pouco custo de troca, sejam eles tradicionais ou informacionais, essa possibilidade é remota. No mercado bancário, principalmente de crédito, onde os custos de troca informacionais são altos, essa possibilidade é alta.

Os bancos têm boa capacidade de exercer preço sobre seus clientes, depois de terem estabelecido relacionamento. Se os bancos que estão se juntando operam com clientes do mesmo perfil, isto é, da mesma classe de risco, é possível que, para esses clientes, a fusão produza efeitos anticompetitivos. Esses clientes serão prejudicados se, além disso, forem informacionalmente opacos e, dessa forma, não puderem recorrer a bancos com os quais não possuem relacionamento prévio.

Por que os competidores não têm capacidade de responder? Porque no mercado de crédito para tomadores informacionalmente opacos a informação privada produzida pelo relacionamento prévio tem muito valor. Desse modo, os competidores se vêem em desvantagem competitiva, principalmente para recrutar bons tomadores.

Algumas características dos mercados bancários dão indícios sobre a possibilidade de efeitos unilaterais anticompetitivos associados às fusões bancárias. Relacionamos alguns deles em que a autoridade de defesa da concorrência pode levar em conta:

i) A presença de competidores em mercados de produtos correlatos. Por exemplo, suponha que a fusão envolve dois bancos fortes em financiamento de bens de consumo duráveis. A presença, no mercado geográfico, de bancos fortes em financiamento à compra de veículos (mas não em financiamento de bens de consumo duráveis) dificulta o exercício unilateral de poder de mercado.

ii) Se o compartilhamento de informação entre os bancos no mercado relevante é alto, então a capacidade de os bancos envolvidos exercerem preço em cima de seus clientes é menor.

iii) O efeito de uma fusão bancária é geralmente diferente para diferentes produtos e diferentes clientes. Alguns clientes são mais problemáticos que outros, e isso determina a possibilidade de efeitos unilaterais. Por exemplo, se uma fusão é entre dois bancos de investimentos, ela é menos problemática do que uma fusão entre dois bancos de varejo, pois os clientes de bancos de investimento (grandes empresas) são menos problemáticos informacionalmente do que a maioria dos clientes de bancos de varejo (pequenas empresas e pessoas físicas).

iv) Como os bancos são firmas multiproduto, o efeito de uma fusão bancária é geralmente diferente para diferentes produtos bancários. A probabilidade de efeitos unilaterais é maior em uma fusão que produza um aumento de concentração no mercado de empréstimos para capital de giro do que em uma fusão que aumente a concentração no mercado de financiamento de veículos. Isso porque empréstimos para capital de giro, que geralmente não são colateralizáveis, são mais problemáticos do ponto de vista informacional do que empréstimos para financiamento de veículos, que, por construção, têm garantia (o veículo). Os clientes de empréstimos de capital de giro são mais suscetíveis a aumentos unilaterais de preços por parte do banco fundido já que têm menos capacidade de levar seus negócios para outros bancos.

3.1.2.3 Um resumo

Qual é a chance de uma fusão que eleva consideravelmente a concentração também aumentar o poder de mercado? A Figura 1, com números norte-americanos, é ilustrativa. Os números se referem a 9 mil candidaturas à fusão entre 1985 e 1994 (ver Litan [1994]).

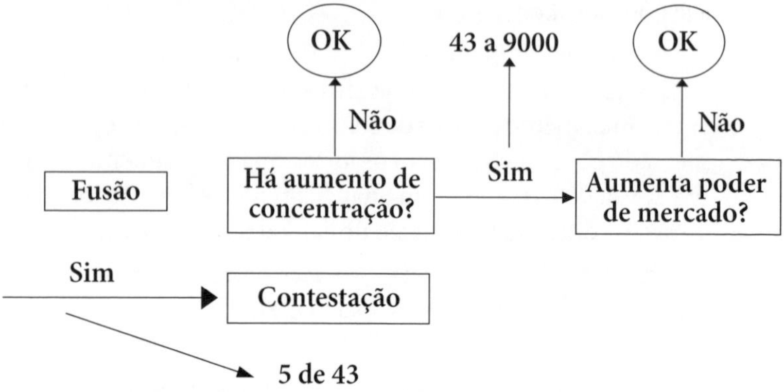

Vê-se claramente que, no caso norte-americano, a probabilidade de investigação e contestação é bastante reduzida. Essa situação pode ser projetada para o caso brasileiro? Provavelmente não. Esse resultado é muito particular aos Estados Unidos, principalmente devido à estrutura extremamente fragmentada antes do processo de desregulamentação dos anos 1980 e 1990.

Uma aposta para o caso brasileiro seria algo como o descrito na Figura 2.

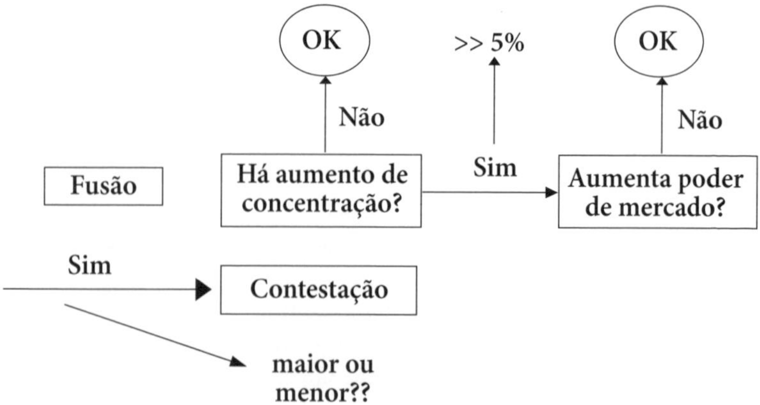

A projeção é de que haja muito mais investigação no caso brasileiro, em relação ao norte-americano. A estrutura regulatória nos Estados Unidos era tal que os bancos eram locais. A metade das fusões e aquisições norte-americanas foi de *market extension*, ou seja, não envolveu aumento de concentração nos mercados relevantes, que são ainda considerados locais[16] (ver Rhoades [2000]).

No caso brasileiro, os bancos operam em grandes áreas geográficas. Os cinco maiores bancos – que representam 50% dos depósitos – são nacionais. A maioria das fusões e aquisições aumentaria a concentração de grande parte dos mercados relevantes, principalmente se forem definidos localmente. É possível que nos maiores mercados, como as grandes capitais, o aumento de concentração não viole a regra do 1.800/200, mas certamente o fará nas metrópoles médias e cidades pequenas.

Há razão para acreditar que o aumento de concentração produziria aumento de poder de mercado no caso brasileiro? Essa pergunta é mais difícil de ser respondida. Na medida em que as imperfeições informacionais são mais relevantes no Brasil do que nos Estados Unidos, é concebível que as barreiras informacionais sejam maiores por aqui.[17] Além disso, o mercado brasileiro é mais concentrado que o norte-americano, o que implica que os efeitos anticompetitivos de aumentos de concentração sejam mais acentuados.

Por outro lado, o mercado brasileiro está em expansão, em relação ao americano. A taxa de inserção bancária ainda é relativamente baixa no

16 Pode-se, de maneira geral, classificar as fusões em horizontais e de extensão de mercado. As primeiras envolvem dois (ou mais) bancos que operam num mesmo mercado. As segundas ocorrem quando um banco que previamente não opera em um mercado relevante compra um outro que opera. Por construção não há aumento de concentração. Isso não quer dizer que uma fusão de extensão de mercado não aumente o poder de mercado. A conduta pode se tornar menos competitiva porque um potencial entrante desaparece, ou por aumento de contato multimercado (ver Bernheim e Whiston).

17 Há várias razões para acreditar que o mercado bancário brasileiro apresenta problemas informacionais mais sérios. Primeiro, as instituições de recuperação de colaterais são mais recentes. Há menor presença de agências de avaliação de risco, o que diminui o compartilhamento de informação. No entanto, os esforços recentes do governo, e especificamente do Banco Central, como a Lei de Falências e a Central de Risco, tendem a diminuir os problemas informacionais. Seus resultados, entretanto, são ainda conjecturas.

Brasil. Como vimos, os atos de concentração em mercados em expansão são menos problemáticos do ponto de vista da concorrência.

Em resumo, é cedo, e há pouca evidência empírica, para se afirmar categoricamente que atos de concentração bancária, no caso brasileiro, produziriam aumento de poder de mercado. Nosso mercado bancário ainda exige estudos mais aprofundados. No que concerne à autoridade de defesa da concorrência, o importante é ter em mente o arcabouço de análise, para conseguir identificar se, no caso específico em questão, os fatores que facilitam o aumento de poder de mercado estão presentes.

3.1.3 Defesas

Se um ato de concentração é contestado, as empresas envolvidas geralmente apresentam defesas, tanto para a autoridade de defesa da concorrência como para alguma outra instância de resolução de litígio. Nesta subseção serão apresentadas as defesas mais comuns e suas particularidades no setor bancário

3.1.3.1 Eficiência clássica

A defesa mais típica é argumentar que a empresa fundida se tornará mais eficiente que as duas empresas separadas. O argumento pode ir por dois caminhos. No primeiro, o argumento básico é que a fronteira de produção se deslocará. Mais precisamente, que há economias de escala não aproveitadas. No segundo, que uma das empresas produz fora (abaixo) da fronteira de possibilidades de produção, ou seja, que há ineficência-X. Vamos desenvolver os dois argumentos e avaliar se são válidos para o setor bancário.

Antes, porém, uma pequena digressão. Supondo que o objetivo da autoridade de defesa da concorrência seja proteger os interesses dos consumidores, a existência de ganhos de eficiência é relevante se, e somente se, esses ganhos forem ao menos em parte transferidos para os consumidores. É bastante plausível que um ato de concentração produza não só um aumento de eficiência, como também um aumento de poder de mercado. Nesse caso, é irrelevante se há aumento de eficiência, pois ele não seria apropriado pelos consumidores. Nesse caso, seria logicamente inconsistente o uso da defesa de eficiência de custos se há aumento de poder de mercado.

Portanto, as fases de defesa e de avaliação de aumento de poder de mercado são indissociáveis. O argumento de defesa via aumento de eficiência envolve, implicitamente ao menos, o seguinte raciocínio: a empresa resultante do ato será mais eficiente e, como resultado, mais capaz de concorrer em termos melhores para os consumidores. Isso produzirá um aumento generalizado do grau de competição no mercado e os benefícios serão colhidos, ao menos em parte, pelos consumidores. No fundo, é a reversão da preocupação anterior: o regime de competição mudaria, mas para aumentar o grau de competitividade.

Se, por outro lado, o objetivo da autoridade antitruste é maximizar o excedente social, então é logicamente possível aprovar um ato de concentração que aumente o poder de mercado se o ganho hipotético de eficiência for alto o suficiente. Nesse caso voltamos ao *trade-off* clássico entre eficiência de custos e má alocação dos recursos (poder de mercado sendo exercido).

- *Fronteira de produção e eficiência-X*

O argumento teórico é bastante trivial. Se há economias de escala e escopo não aproveitadas, então a fusão aumenta a eficiência técnica. Além disso, a fusão pode produzir ganhos de eficiência-X, fora da fronteira de produção. Isso pode ocorrer se um banco mais eficiente adquire um menos eficiente e, com a transmissão de melhores práticas administrativas do primeiro para o segundo, melhora o desempenho no conjunto.

Existe uma literatura avaliando, para o caso norte-americano, o mérito empírico dos argumentos. Na média, essa literatura é, no máximo, ambígua quanto à existência de economias de escala não aproveitadas no setor bancário. As fusões tendem a produzir economias de escala nos níveis baixos. Há inclusive evidência de deseconomia de escala associada a fusões entre bancos já grandes – as chamadas *megamergers*. Este resultado é especialmente interessante no caso brasileiro, pois a estrutura de mercado é tal que o tamanho médio dos bancos é muito maior que nos Estados Unidos. A curva de custo médio teria a forma de U, com o ponto de mínimo em uma escala relativamente pequena. A literatura coloca a escala mínima em bancos com ativos entre US$ 70 milhões e US$ 300 milhões.

A seguir descrevemos o método mais tradicional de estimação da função custo de bancos.

a) Estimando a função custo de bancos

Como dissemos repetidamente, os bancos são firmas multiprodutos. Não reconhecer esse caráter pode provocar erros significativos na estimação da estrutura de custos dos bancos. Por exemplo, quando a função custo é estimada separadamente para cada produto, a suposição implícita é que o custo marginal de ofertar um produto não depende da quantidade do outro produto. Logo, a existência de economias de escopo é rejeitada por suposição.

O método mais tradicional de estimação de custos para firmas multiproduto consiste em especificar uma forma funcional translog para a função custo (ver Christensen e Greene [1976]). A função custo translog é popular porque é flexível, no sentido de que poucas imposições são feitas pela escolha da forma funcional. Para o caso bancário, vários autores já utilizaram esse método com sucesso (ver Mester [1987], Berger, Hanweck e Humphrey [1987] e Shaffer [1993]). A descrição aqui é baseada em Mester (1987).

A idéia básica é que os bancos escolhem as quantidades de cada um dos produtos e de cada um dos insumos. O processo pode ser visto como se ocorresse em dois estágios. Primeiro o banco escolhe as quantidades dos produtos indexados por p (por exemplo, q_1 = total de empréstimos no cheque especial, q_2 = total de empréstimos de capital de giro, q_3 = total de outros empréstimos e q_4 = total de depósitos à vista, e p =1, 2, 3, 4). Em seguida, ele escolhe de forma ótima o total de cada insumo para produzir estes produtos. No fim, o custo total é uma função das quantidades escolhidas dos produtos e dos preços dos insumos.

Suponha que tenhamos uma amostra de N bancos em um dado período. Esses bancos operam em diferentes mercados bancários regionais (indexados $i = 1,...,I$). Seja C_n o custo total (operacional mais financeiro) do banco n. Seja w_{ji} o preço do insumo j, no mercado i. Esses preços podem ser salário e taxa de captação de depósitos à vista (nesse caso $j = 1, 2$). Seja b_{in} o número de agências que o banco n possui no mercado bancário i. Se o preço do insumo j é específico a cada mercado (como tende a ser verdade para salário), uma medida do preço do insumo específica a cada banco pode ser construída da seguinte forma:

$$w_{jn} = \sum_{i=1}^{I} w_{ji} \frac{b_{in}}{b_n}$$, onde b_n é o total de agências do banco n. Se o preço do insumo não varia conforme o mercado, então se utiliza simplesmente wj. Finalmente, seja Fj a proporção do insumo j no total dos custos do banco n. Então temos um sistema de regressões aparentemente não-relacionadas:

$$\ln(C_n) = \alpha + \sum_{p=1}^{4} \beta_p q_{np} + \sum_{\tilde{p}=1}^{4} \sum_{p=1}^{4} \gamma_{p\tilde{p}} q_{np} q_{n\tilde{p}} + \sum_{j=1}^{2} \varphi_p w_{nj} +$$

$$\sum_{\tilde{j}=1}^{2} \sum_{j=1}^{2} \rho_{j\tilde{j}} w_{n\tilde{j}} w_{nj} + CONTROLES + \varepsilon_n$$

$$S_j = \zeta + \sum_{j=1}^{2} \kappa_j w_{nj} + \sum_{p=1}^{4} \psi_p q_{np} + \upsilon_n, \quad j = 1,2,3,4$$

As equações nas quais a variável dependente é S capturam a decisão de quanto utilizar de cada insumo. Esse sistema de regressões é estimado simultaneamente, impondo a restrição de que os efeitos cruzados são iguais ($\gamma_{p\tilde{p}} = \gamma_{\tilde{p}p}$ e $\rho_{\tilde{j}j} = \rho_{j\tilde{j}}$), e de que a soma das fatias de cada insumo é 1.[18]

Com as estimativas, pode-se avaliar tanto a presença de economias de escala como o escopo para os bancos. Para avaliar a presença de economias de escala, usa-se o conceito de Ray Average Cost (RAC). Seja $q = (q_1\, q_2\, q_3\, q_4)$. Defina:

$$S(q) = \frac{C(q)}{\sum_{p=1}^{4} q_p \frac{\partial C(q)}{\partial q_p}}$$

. Diz-se que há retornos crescentes, constantes ou decrescentes de escala se S é maior, igual ou menor que 1.

Para avaliar a presença de economias de escopo, defina T e T^C como dois subconjuntos exaustivos e disjuntos dos produtos P. Em nosso exemplo, P é um conjunto de quatro elementos, e o subconjunto T pode ser formado por q_1 e q_4 (cheque especial e depósitos). Defina:

$$SC_T = \frac{C(q_T) + C(q_{T^C}) - C(q)}{C(q)}$$

. Diz-se que há retornos crescentes, constantes ou decrescentes de escopo se SC é maior, igual ou menor que 0. Ou seja, produzir q_1, q_2, q_3 e q_4 conjuntamente é mais barato que produzir q_1 e q_2, e q_3 e q_4 separadamente.

18 Para o procedimento de estimação ver qualquer livro texto de econometria, como, por exemplo, Goldberger (1991).

b) Efeito de conglomeração

As possíveis eficiências de conglomeração bancária podem ser avaliadas usando o procedimento descrito acima. Conglomeração, no que se refere às suas eficiências, pode ser entendida como a busca por economias de escopo. Uma fusão de um banco de investimento com um banco de varejo pode produzir economias de escopo. Uma maneira prática de avaliar a existência dessas economias é estimando a função custo de bancos universais (Bradesco, Itaú, Unibanco etc.), de bancos somente de varejo e de bancos somente de atacado. Depois disso usa-se SC para avaliar a presença de economias de escopo.

c) Estudos de eficiência

Há dois tipos de estudos na literatura. No primeiro tipo, a escala mínima é estimada diretamente, mediante a estimação da função custo. Shaffer (1991) estima a função custo usando dados de 210 bancos grandes (mais de US$ 1 bilhão em dólares de 1991). A partir de suas estimativas, os ganhos de eficiência de custos são simulados para fusões hipotéticas. Uma fusão hipotética produziria, em média, uma redução de custos de 0,2%. O método é simples. Depois de estimar a função custo – usando a já tradicional estimação de custos em firmas multiprodutos com especificação translog (ver, por exemplo, Christensen e Greene [1976]) – o custo total do par de bancos da fusão hipotética é comparado com a soma, pré-fusão, dos custos dos dois bancos. Rhoades (1993) usa um método diferente, mas chega a conclusão similar. Razões de despesa (despesa/ativos, despesa/receita) de diferentes bancos (uma observação é um banco em um ano) são associadas a atos de concentração. O método é útil o suficiente para ser descrito em detalhe.

Seja $FINRATIO_{it}$ uma medida de desempenho (por exemplo, custos operacionais divididos por ativo) do banco *i* no ano *t*. Seja $DUMMERGE_{it}$ uma variável categórica que assume o valor 1 para todos os períodos depois de um ato de concentração em que o banco *i* esteve envolvido, e 0 caso contrário. Seja $SELLER_{it}$ outra variável categórica que assume o valor 1 se o banco foi vendedor em uma fusão, e 0 caso contrário. O modelo a ser estimado é:

$$FINRATIO_{it} = \beta_0 + \beta_1 DUMMERGE_{it} + \beta_2 SELLER_{it} + \beta_3 DUMMERGE_{it} * SELLER_{it} + \Sigma DUMBANK + \Lambda PERIOD + CONTROLS + \varepsilon_{it}$$

onde *DUMBANK* e *PERIOD* são dois vetores de variáveis categóricas para os bancos e para os anos.

Se há ganhos de eficiência, $\beta_1 < 0$. Como Rhoades (1993) observa que as firmas compradoras são, em média, mais eficientes que as firmas compradas, se há eficiência-*X*, o coeficiente associado ao termo de interação deve ser negativo $\beta_3 < 0$, ou seja, o ato de concentração deve provocar um aumento maior de eficiência para o banco, *ex ante*, menos eficiente, isto é, o vendedor.

Note que esse método permite comparar os bancos envolvidos em atos de concentração com aqueles que não estiveram envolvidos e avaliar se houve melhora na eficiência de custos. Os resultados indicam que, em fusões horizontais, não há ganhos de eficiência. Esse resultado é interessante porque as fusões horizontais são aquelas que produzem os piores efeitos do ponto de vista da concorrência. Se nelas não há ganhos de eficiência, então é difícil justificá-la. Apesar disso, como foi dito, Rhoades (1993) recupera uma estimativa negativa de β_2, ou seja, as firmas compradoras são, em média, mais eficientes que as firmas compradas, o que sugere que a condição necessária para que haja ganhos de eficiência-*X* está presente empiricamente.

A segunda metodologia normalmente utilizada compara medidas de eficiência-*X* dos bancos antes da fusão com bancos formados depois da fusão. A desvantagem dessa metodologia é a possibilidade de confundir os efeitos da fusão com razões de seleção. Ou seja, é possível que os bancos que se fundiram fossem, por razões não observadas, piores ou melhores que os bancos que não se fundiram. Berger e Humphrey (1992) estudam as *megamergers* (ambos os bancos envolvidos têm ativos de ao menos US$ 1 bilhão em dólares de 1991) ocorridas entre 1981 e 1989. A estratégia de estimação consiste em regredir a variação na eficiência-*X*, medida pela diferença entre a eficiência *ex post* do banco consolidado e as eficiências *ex ante* dos dois bancos. Os autores argumentam que se a diferença de eficiência *ex ante* dos dois bancos está positivamente relacionada com a diferença *ex post* do banco consolidado em relação aos bancos separados, então há ganhos de eficiência-*X*, pois ela aparece onde seria de esperar. Descreveremos esse método porque, apesar de utilizar instrumentos clássicos (regressão linear), ele é simples e pode ser facilmente usado na avaliação de ganhos de eficiência em atos de concentração no setor bancário.

Seja $XMERGEPOST_i$ uma medida de mudança de eficiência associada à fusão. Ela é construída subtraindo da média ponderada das eficiências do comprador e do vendedor da eficiência do banco consolidado depois da fusão. Seja $DIFFXANTE_i$ a diferença entre as medidas de eficiência-*X*, *ex ante*, dos bancos envolvidos na fusão. Como dissemos acima, a condição necessária para que existam ganhos de eficiência-*X* é que haja, efetivamente, diferença *ex ante* na eficiência dos dois bancos. Os dados de Berger e Humphey (1992) revelam que, de fato, essa condição necessária parece satisfeita para os bancos envolvidos em atos de concentração. Em aproximadamente 60% das fusões o banco comprador era mais eficiente que o banco vendedor. Por isso, a diferença *ex ante* é medida subtraindo a medida de eficiência-*X* do vendedor da medida de eficiência-*X* do comprador. Finalmente, seja $OVER_i$ uma medida de quanta sobreposição havia entre os bancos. Esse regressor é incluído para avaliar se bancos que operam no mesmo mercado podem, com a fusão, economizar em gerentes redundantes, operações de *back-office* etc. O modelo a ser estimado é:

$$XMERGEPOST_i = \beta_0 + \beta_1 DIFFXANTE_i + \beta_2 OVER_i + \beta_3 DIFFXANTE_i{}^* OVER_i + \varepsilon_i$$

A teoria prevê que, na presença de ganhos de eficiência-*X*, $\beta_1 > 0$. Adicionalmente, é de esperar que, nas fusões com maior sobreposição, o ganho seja maior, ou seja, $\beta_3 > 0$.

Como é medido o grau de eficiência-*X*? Comparando o custo de um determinado banco com o custo médio em um grupo de bancos similares. Essa medida não é absoluta, ou seja, ela não nos diz quão longe da fronteira de possibilidades de produção está o banco. Mas isso não importa porque a medida é a diferença entre o banco e seus similares. Com isso, o grau absoluto de eficiência-*X* (ou ineficiência-*X*) desaparece.

Berger e Udell (1992) documentam que bancos envolvidos em atos de concentração não experimentam grandes ganhos de eficiência-*X*. O ganho médio é menor do que 5% e não é estatisticamente significativo.

Finalmente, há um estudo que, indiretamente, mostra potenciais ganhos de eficiência-*X* no setor bancário brasileiro. Costa e Nakane (2004) estimam a função custo dos bancos brasileiros para diferentes subamostras de bancos. A diferença entre as estimativas quando os bancos públicos e bancos menores são incluídos na amostra indica que eles operam longe da fronteira de possibilidades de produção.

- *Diversificação*

Uma segunda fonte de aumento de eficiência é a diversificação dos negócios bancários. Enquanto na maioria das outras indústrias fusões e aquisições não-horizontais estão, de forma geral, associadas a uma perda de valor para o *shareholder*, ou seja, estão associadas com ineficiências, no setor bancário há razões para crer que ocorre o contrário.[19] Por isso, o aumento de eficiência via diversificação deve ser levado a sério como defesa de uma fusão bancária.

O argumento é simples. Uma fusão aumenta o escopo dos empréstimos do banco pós-fusão. Desse modo, aumenta a diversificação do portfólio, o que permite ao banco, para um mesmo retorno médio, diminuir seus custos de *default*. A magnitude dessa diminuição de custos depende das características dos mercados nos quais os bancos pré-fusão operam. De modo geral, o efeito-diversificação será tão maior quanto menor é a sobreposição, tanto geográfica como de atividade econômica entre os dois bancos pré-fusão. Ironicamente, a defesa do aumento de eficiência via diversificação é mais forte em fusões nas quais a preocupação com efeitos competitivos tende a ser menor. Essa defesa é menos relevante para efeito de antitruste. Apesar disso, é preciso considerá-la como possível, mesmo que a sobreposição seja grande.

Beston, Hunter e Wall (1995) apresentam um método para avaliar essa defesa. Seu método é indireto e associa os prêmios pagos pelo banco adquirente com a correlação entre os retornos ativos (basicamente empréstimos) dos dois bancos pré-fusão. É de esperar que, se o aumento de eficiência via diversificação é relevante, os prêmios pagos devem estar negativamente relacionados com a correlação entre os retornos dos ativos dos dois bancos pré-fusão. Isso porque quanto mais negativa (ou menos

[19] A teoria mais conhecida para explicar esse fenômeno, articulada por Jensen (1986), é a do *free cash-flow*. Segundo essa teoria, que possui corroboração empírica, fusões envolvendo a compra de outras em outros setores ou mercados seriam motivadas por interesse dos administradores, e não necessariamente dos *shareholders*. Os administradores estariam expandindo os negócios para aumentar a quantidade de recursos de que dispõem.

positiva) a correlação, menor a volatilidade dos retornos do banco pós-fusão, para um mesmo retorno médio esperado.

Uma observação é uma fusão ou aquisição, que indexamos por *i*, assim como por *o*, o banco comprado, e por c, o banco comprador. Seja PR_i o prêmio que a instituição compradora paga pela instituição comprada. Seja COV_{oc} a covariância entre os retornos dos bancos pré-fusão em um determinado período de tempo anterior à fusão.[20] Seja SPG_{oc} a sobreposição entre sobreposição geográfica entre os negócios dos dois bancos pré-fusão. Essa variável pode ser medida de várias formas. Uma delas é a razão entre o número de agências nos mesmos mercados geográficos e o número total de agências dos dois bancos. Seja SPS_{oc} a sobreposição setorial das atividades dos dois bancos pré-fusão, que pode ser medida pela diferença entre dois vetores de proporções de ativos em cada um dos setores econômicos. Estima-se, então, o seguinte modelo linear:

$$PR_i = \beta_0 + \beta_1 COV_{oc} + \beta_2 SPG_{oc} + \beta_3 SPS_{oc} + controles + \varepsilon_i$$

Os controles devem incluir variáveis quanto ao tamanho dos bancos, o tipo dos bancos (público, privado nacional, multinacional etc.) e outras que o caso em questão demandar. Se a hipótese de ganho de eficiência via diversificação tiver mérito, esperamos que os coeficientes estimados β_1, β_2 e β_3 sejam negativos. Como possivelmente eles têm alta correlação entre si, ao menos se espera poder rejeitar a hipótese nula de que não podemos excluí-los todos da regressão. Ou seja, esperamos rejeitar a hipótese nula de que $\beta_1 = \beta_2 = \beta_3 = 0$.

Depois de estimado esse modelo uma vez, pode-se usar as estimativas para projetar o ganho de eficiência devido à diversificação, principalmente se forem incluídos suficientes controles, de modo que a projeção "fora da amostra" seja confiável.

3.1.3.2 Eficiência informacional

O fato de o mercado de crédito ser caracterizado por fortes assimetrias de informação faz com que a relação entre poder de mercado e disponibilidade de crédito seja não-trivial, principalmente para tomadores

[20] O período exato de tempo a ser usado deve ser decidido caso a caso. Obviamente, quanto maior o período, melhor condicional à disponibilidade de dados e à estacionariedade das operações dos bancos.

problemáticos do ponto de vista informacional. No mercado de crédito, devedores têm informação privilegiada em relação a credores. Isso tem duas implicações importantes. Primeiramente, os bancos investem em aquisição de informação privada sobre devedores. Em realidade, o relacionamento banco-cliente é uma importante tecnologia para solucionar o problema informacional (ver Berger e Udell [1995], Cole [1998] e Pertersen e Rajan [1994]). Como a competição diminui os incentivos para fazer investimentos específicos na relação (Holmstrom e Harris [1982]), não é necessariamente correto o resultado tradicional de que competição no setor bancário é sempre benéfica para a disponibilidade de crédito. Há documentação, para o caso norte-americano, da relevância empírica 1995]). Por outro lado, um aumento de concentração bancária, na medida em que diminui a competição no mercado de crédito, também produz efeitos maléficos para a disponibilidade de crédito, por razões tradicionais. Seu efeito líquido é, desse modo, uma questão empírica. Pinho de Mello (2004a) mostra que se a transação banco-cliente é mediada por relacionamento, então a concentração tende a ser benéfica. Caso contrário, o efeito maléfico domina.

Por que esse é um fato relevante para a autoridade de defesa da competição? A maior parte das fusões e aquisições envolve custos e benefícios. Como vimos, um (potencial) benefício é a economia de escala. Outro, como veremos adiante, é um potencial aumento da estabilidade do setor bancário. O custo é, geralmente, a perda de competição. Essa literatura, teórica e empírica, qualifica o custo de atos de concentração. Se há evidência de uso de relacionamento como tecnologia de produção de informação privada, isso deveria ser levado em conta quando do julgamento de um ato de concentração. Mais uma vez, essa qualificação depende crucialmente do tipo de tomador. Só faz sentido qualificar os custos de um ato de concentração para tomadores informacionalmente opacos, pois somente para esses tomadores a produção de informação privada é determinante para a disponibilização de crédito. É importante notar que essa defesa já foi usada por bancos norte-americanos, como na fusão do First Hawaiian com o First Interstate of Hawaii (ver Baker [1992]).

Mais uma vez, infelizmente, não há evidência direta desse efeito benéfico de concentração para o caso brasileiro. Isso não significa que a autoridade antitruste deveria ignorar essa possibilidade. Dada a escassez, no Brasil, de informação pública sobre os tomadores, é concebível que relacionamento seja uma tecnologia importante de produção de informação privada sobre os tomadores. Desse modo, é provável que esse benefício potencial de aumento de poder de mercado no setor brasileiro seja relevante.

3.1.3.3 Firma falida

Firmas falimentares são objetos preferenciais de fusões. Por essa razão, a defesa da firma falida é uma das mais comuns. Essa defesa é extremamente relevante para fusões no setor bancário, pois a bancarrota de um banco pode produzir efeitos maléficos sobre a estabilidade do setor.

- *Clássica*

A defesa clássica da firma falida é feita com dois argumentos. O primeiro se refere à ausência de efeitos anticompetitivos. Como a firma vendedora está em estado falimentar, a concentração aumentaria de qualquer forma. Portanto, o ato de concentração não produz nenhum custo do ponto de vista da concorrência, pois este custo já está incorrido pela bancarrota da firma vendedora. O segundo argumento invoca as perdas, para os acionistas e trabalhadores, provocadas pela falência.

A doutrina estabelecendo a validade dessa defesa já é antiga nos Estados Unidos. A Suprema Corte norte-americana, no caso International Shoe Co. *versus* Federal Trade Comission, 280 US 291 (1930), manteve uma fusão que tinha efeitos anticompetitivos porque a firma vendedora estava falida. Em suas próprias palavras:

> (...) [its] resources were so depleted and the prospect of rehabilitation so remote that it faced grave probability of a business failure with resulting loss to its stockholders and injury to the communities where the plants were operated (...).[21]

É interessante ler nas entrelinhas. Antes de tudo, é preciso que haja uma "considerável probabilidade de bancarrota", ou seja, é preciso que haja iminência de falência. Isso quer dizer que as partes envolvidas no ato de concentração têm o ônus da prova em mostrar que a falência de fato ocorreria sem a fusão. Adicionalmente, a Suprema Corte não faz menção

[21] "(...) [seus] recursos estavam tão esgotados e a perspectiva de recuperação tão remota que ela estava enfrentando uma considerável probabilidade de bancarrota, que resultaria em perdas para seus acionistas e para as comunidades nas quais as fábricas eram operadas (...)" (tradução livre do autor).

a soluções alternativas. Em uma decisão posterior (Citizen Publishing Co. *versus* United States, 394 US 131 [1969]), ela explicitamente estabelece um critério mais forte para o uso da defesa da firma falida. Por essa decisão, que barrou o ato de concentração em questão, a defesa da firma falida só se aplica se não há uma alternativa que produza efeitos menos nocivos sobre a competição. Por exemplo, se não existe outro comprador interessado que tenha menos sobreposição com a firma falida nos mercados relevantes. O guia norte-americano de análise de fusões explicitamente reafirma esta doutrina. Em suas próprias palavras:

> Any offer to purchase the assets of the failing firm for a price above the liquidation value of those assets — the highest valued use outside the relevant market (...) will be regarded as a reasonable alternative offer.[22]

- *Estabilidade*

A defesa da firma falida e as condições necessárias para seu uso são comuns a todos os setores econômicos. No setor bancário, no entanto, essa defesa costuma ter mais força, por razões de estabilidade. Por isso, antes de analisá-la é preciso fazer uma pequena digressão sobre estabilidade no setor bancário e sua relação com concorrência.

a) Estabilidade e concorrência: teoria e evidência empírica

Responsabilidade limitada faz com que as firmas em geral, e os bancos em particular, tenham incentivos desalinhados e assumam mais risco do que o desejado (ver Jensen e Meckling [1976]). Os casos do Savings and Loans Scandal, nos Estados Unidos, e as bancarrotas do Banco Nacional e do Banco Santos no Brasil são apenas dois dentre muitos exemplos. No setor bancário esses problemas são especialmente graves. Primeiro, e ao contrário de outras indústrias, o setor bancário está submetido a corridas, isto é, há a possibilidade de que bancos com fundamentos perfeitamente solventes se tornem insolventes simplesmente porque os depositantes acreditam que ele está insolvente (ver Diammond e Dybvig [1983]). Pior,

[22] "Qualquer oferta de compra dos ativos por um preço acima do valor de liquidação – o uso de maior valor fora do mercado relevante (...) – será considerada uma oferta alternativa razoável" (tradução livre do autor).

há possibilidade de contaminação: o fato de que um banco está em dificuldade aumenta a probabilidade de que outros também estejam (ver Allen e Gale [2000], Dewatripont e Tirole [1994] e Freixas e Rochet [1997]). Além disso, as conseqüências de uma crise bancária para a atividade econômica em geral são gravíssimas.

Geralmente, a responsabilidade de zelar pela saúde do sistema financeiro não é da autoridade antitruste, mas do regulador bancário. No entanto, como a competição no setor bancário determina o grau de estabilidade do sistema financeiro, é preciso que a autoridade de defesa da competição leve em conta as considerações de estabilidade em seus atos. Segundo a sabedoria estabelecida, há inclusive um *trade-off* entre concorrência e estabilidade do setor bancário.

Em realidade, esse *trade-off* não é claro do ponto de vista teórico. Allen e Gale (2004) mostram que a relação teórica entre competição e estabilidade é complexa e muito sensível à especificação do modelo. Por um lado, há várias razões para acreditar que uma estrutura bancária mais concentrada provê mais estabilidade. Keeley (1990) levanta a hipótese de que a competição, ao diminuir o valor presente esperado dos lucros do banco (o *franchise value*), aumenta os incentivos que o banco tem de tomar riscos excessivos. Bancos maiores teriam mais capacidade de diversificar risco, o que diminuiria o perigo de falência. Outra razão pela qual a competição pode elevar o grau de instabilidade do setor bancário está no fato de que os bancos tendem a atender primeiro os melhores clientes. Desse modo, um aumento da competição, na medida em que aumenta a oferta geral de crédito, pode implicar que piores clientes tenham acesso a crédito, aumentando o grau de exposição do setor bancário. Se os problemas de incentivos forem relevantes, é possível que esses piores clientes não devam ter acesso a crédito. E eles só o têm porque os bancos não internalizam, exatamente por causa da responsabilidade limitada, todos os custos envolvidos quando tomadores vão à bancarrota. Nesse caso, um aumento da competição não só tem o efeito maléfico sobre a estabilidade como não produz nenhum benefício.

Há, por outro lado, outras tantas razões para acreditar que a competição pode aumentar o grau de estabilidade do sistema financeiro. Primeiro, há a idéia do *too big to fail*, na qual a origem da instabilidade está no comportamento estratégico dos bancos ante o regulador prudencial do sistema financeiro. Se um banco fica muito grande, ele antecipa que o regulador não deixará ir à bancarrota, exatamente pelo efeito sobre a estabilidade do sistema se ele falir. Sob responsabilidade limitada, isso aumenta seus incentivos a tomar risco e, desse modo, a probabilidade de falência. Segundo, os efeitos maléficos do aumento do poder de mercado bancário sobre os mercados de produto produzem, eles mesmos, instabilidade no setor bancário. Um aumento nas taxas de juros ao tomador faz com que o valor presente esperado do negócio caia. Sob responsabilidade limitada, à Keeley, aumenta os incentivos que os tomadores têm de tomar risco. Desse modo, piora a qualidade da carteira de ativos dos bancos, o que aumenta a probabilidade de crise bancária (ver Allen e Gale [2004]). Terceiro, mesmo que bancos maiores tenham menos probabilidade de ir à falência, a transmissão tende a ser maior num sistema bancário com poucos bancos nacionais.

Apesar de a sabedoria convencional identificar um *trade-off* entre competição e estabilidade, a teoria, na verdade, não é conclusiva. A pouca evidência empírica disponível, no entanto, favorece a sabedoria convencional. Beck, Demirguç-Kunt e Levine (2003) mostram, usando dados de vários países, que as crises bancárias são menos prováveis em setores bancários mais concentrados. Keeley (1990) mostra o aumento da competição entre os bancos norte-americanos e ajuda a explicar o aumento no número de falências bancárias nos Estados Unidos durante a década de 1980.

Para a autoridade de defesa da competição, é necessário, por três razões, entender precisamente esse *trade-off* entre estabilidade e competição bancárias. Primeiro, mesmo que uma fusão bancária não envolva um banco falido, é possível que o aumento de concentração tenha um efeito benéfico para a estabilidade do sistema bancário, e isso deve ser levado em conta como um benefício da fusão. Segundo, as considerações de estabilidade fazem com que a jurisprudência da avaliação de atos de concentração bancária seja dividida entre o regulador prudencial (no caso brasileiro o Bacen) e a autoridade de defesa da concorrência. Não é raro, como veremos abaixo, aparecerem conflitos entre os dois. É importante, portanto, que a autoridade de defesa da concorrência entenda as preocupações do regulador prudencial. Por fim, uma das defesas comuns para fusão e aquisições bancárias é exatamente o argumento de aumento da estabilidade (ver Carletti e Hartmann [2002]). É nesse ponto que vamos agora nos concentrar.

b) A defesa do convenience and needs

No caso norte-americano, a doutrina da defesa clássica da firma falida é diferente para o setor bancário. Para começar, o Bank Merger Act de 1966 permite que uma fusão bancária com efeitos anticompetitivos seja aprovada se os benefícios claramente forem maiores que os custos. Ou seja, a fusão deve atender às conveniências e necessidades da comunidade. A necessidade de falência iminente não é mencionada. É instrutivo reproduzir aqui parte da decisão da Suprema Corte norte-americana no caso US *versus* Third National Bank of Nashville, 390 US 171 (1968).

> (...) Congress was also concerned about banks in danger of collapse – banks not so deeply in trouble as to call forth the traditional failing company defense, but nonetheless in danger of becoming before long financially unsound institutions. Congress seems to have felt that a bank failure is a much greater catastrophe than the failure of an industrial or retail enterprise and a *much smaller risk of failure than that required by the "failing company" doctrine should be sufficient to justify the rather radical preventive stuff of an anticompetitive merger.*[23-24]

A linguagem deixa clara a distinção entre o setor bancário e os demais setores no que se refere aos atos de concentração. No entanto, a Suprema Corte, na mesma decisão, reeditou uma versão da alternativa menos anticompetitiva. Mais uma vez a linguagem é clara:

> If the injury to the public interest flowing from the loss of competition *could be avoided and the convenience and needs of the community benefited in ways short of a merger* but within the competence of reasonably able businessmen, the situation is radically different. In such

[23] "O Congresso também estava preocupado com bancos sob risco de falência – bancos não tão problemáticos para apelar para a defesa da firma falida, mas ainda assim em perigo de se tornarem financeiramente fracos em futuro não muito distante. O Congresso deve ter sentido que a falência de um banco é uma catástrofe muito mais séria para a comunidade do que a falência de uma firma industrial ou comercial, e um risco muito menor de falência do que aquele requerido pela doutrina da firma falida é suficiente para justificar um remédio deveras radical como uma fusão anticompetitiva." (tradução livre do autor).

[24] Grifo nosso.

circumstances, we seriously doubt that Congress intended a merger to be authorized by either the banking agencies or the courts.[25-26]

Obviamente, essa decisão coloca um dilema: quando há uma alternativa menos anticompetitiva? Como se avalia o que é um risco de "(...) se tornarem financeiramente fracos no futuro não muito distante"?

Esse dilema causou alguns conflitos entre a autoridade antitruste (DOJ) e as agências bancárias responsáveis pela regulação prudencial (FED e FDIC). O caso clássico ocorreu quando o Feet/Norstar foi à falência e o FED e a FDIC resolveram vender a massa falida para o Bank of New England. Ambos eram bancos que operavam principalmente no mercado da Nova Inglaterra. O DOJ contestou a venda porque o Bank of America (principal operação na Califórnia) também se interessou pelos ativos da massa falida. Nesse caso, o Bank of America era a alternativa menos anticompetitiva. Fica evidente que há diferenças nas funções objetivo dos dois tipos de reguladores: os reguladores bancários revelaram preferência pela manutenção da estabilidade e pela minimização das perdas do fundo de seguros bancário; a autoridade de defesa claramente colocou mais peso nos efeitos anticompetitivos.

A solução do conflito foi exigir que o Bank of New England vendesse parte das agências para outros concorrentes. Esse é o remédio chamado *divestiture*, que será analisado a seguir.

3.1.3.4 O argumento do campeão nacional

O argumento do campeão nacional é mais comum na (recente) doutrina européia do que na doutrina norte-americana. Esse é um argumento tanto de política industrial como de defesa antitruste.

Segundo essa defesa, as empresas precisam ser grandes para atingir escala suficiente para sobreviver em mercados globais. Uma maneira de fazê-lo é incentivando – ou não proibindo – a concentração no mercado

[25] "Se o prejuízo para o interesse público advindo da diminuição da concorrência poderia ser evitado e a conveniência e a necessidade da comunidade serem atendidas com uma solução que não a fusão, mas ainda sob a gestão de homens de negócio capazes, a situação é radicalmente diferente. Nessas circunstâncias, nós duvidamos seriamente de que o congresso teve a intenção de que uma fusão fosse autorizada tanto pelas agências bancárias como pelos tribunais" (tradução livre do autor).

[26] Grifo nosso.

interno. É a chamada política da supressão da competição doméstica para aumentar a capacidade de competir no exterior.

Em outros setores esse argumento já foi utilizado como defesa de ato de concentração. Um exemplo no caso brasileiro é a fusão das cervejarias Antárctica e Brahma formando a Ambev. Como os bancos já operam internacionalmente, alguns deles em escala mundial, é provável que esse argumento seja utilizado por bancos nacionais líderes para justificar eventuais atos de concentração.

3.1.4 Remédios

A fase seguinte à defesa, se esta falha perante a autoridade antitruste ou perante os tribunais, é a aplicação de remédios.

3.1.4.1 Proibição

A proibição, apesar de concebível, não é utilizada no setor bancário. No caso norte-americano não há registro recente, não porque não seria socialmente ótima em muitos casos, mas porque o DOJ prefere, muitas vezes, não incorrer nos altos custos de litígio envolvidos nessa solução. A solução intermediária, que economiza custos de litígio para ambas as partes, envolve a venda parcial de ativos (agências e ativos e passivos associados a elas) nos mercados onde os efeitos anticompetitivos são mais relevantes. Essa venda de agências é chamada de *divestiture*.

3.1.4.2 *Divestiture*

A venda de agências, e ativos e passivos associados a elas, referentes a um determinado mercado bancário, ou *divestiture*, é de longe o remédio mais utilizado na experiência norte-americana. Ele é eficaz e, como foi dito, eficiente no sentido de que economiza em custos de litígio.

O processo é simples. Começa pela identificação dos mercados bancários nos quais a fusão tende a aumentar o poder de mercado. O banco comprador é obrigado a vender as agências nesses mercados, de preferência para bancos que não operam no mercado. Em alguns casos há restrições quanto aos bancos que podem comprar os ativos à venda. A compra do First Interstate of Hawaii pelo First Hawaiian é um exemplo no qual foram impostos esses tipos de restrição.

Há inúmeros exemplos recentes da utilização desse expediente. A já citada venda da massa falida do Feet/Norstar para o Bank of New England é um. Outro é a compra do Security Pacific pelo Bank of America. Neste caso o DOJ identificou cinco mercados relevantes nos quais haveria efeitos anticompetitivos: Seattle, Las Vegas, Reno, Phoenix e Tucson. No caso de Phoenix e Tucson, a *divestiture* foi para um competidor que previamente não operava no mercado e criou o quinto maior banco do Arizona.

3.1.4.3 Outros remédios

Alguns outros remédios também são aplicados. Na transação entre o First Hawaiian e o First Interstate of Hawaii, por exemplo, o First Hawaiian foi obrigado a vender a marca First Interstate of Hawaii, mas pode manter a carteira de clientes, se esses optarem por transferir suas operações.

3.2 Conclusão: desafios e particularidades da análise de fusões bancárias

O setor bancário é especial no que se refere à análise de atos de concentração. As particularidades são suficientes para impedir que a autoridade de defesa da concorrência aplique cegamente os preceitos dos guias de análise geral no setor bancário.

Ainda mais importante que reconhecer as particularidades é ter em mente o desafio colocado pelo dinamismo do setor. Definir mercado relevante é muito difícil. Em um contexto no qual há mudanças tecnológicas e regulatórias, essa tarefa é ainda mais árdua. Avanços na tecnologia de comunicação e processamento de informação podem alterar a tradicional definição local de mercado. *Clustering*, mesmo que ainda relevante, parece um conceito cada vez mais sob ataque na literatura acadêmica. Queda de barreiras regulatórias à entrada altera a relação entre concentração e poder de mercado. Melhoras nos requerimentos de capital (pelos acordos da Basiléia) alteram a relevância da preocupação com a estabilidade do setor financeiro. Esses são somente alguns dentre os muitos exemplos citados neste trabalho para justificar a adaptação dos guias de análise de atos de concentração bancária.

Finalmente, é preciso ter claro que não só os guias devem ser adaptados ao setor bancário como também precisam ser constantemente revistos, de modo a incorporar as mudanças provocadas pelo avanço tecnológico e pelo processo de desregulamentação.

Na próxima página um fluxograma resume o processo de análise de atos de concentração, com ênfase em duas coisas: I) nas especificidades do setor bancário; e II) em situações que, mesmo não específicas ao setor bancário, são comuns nele.

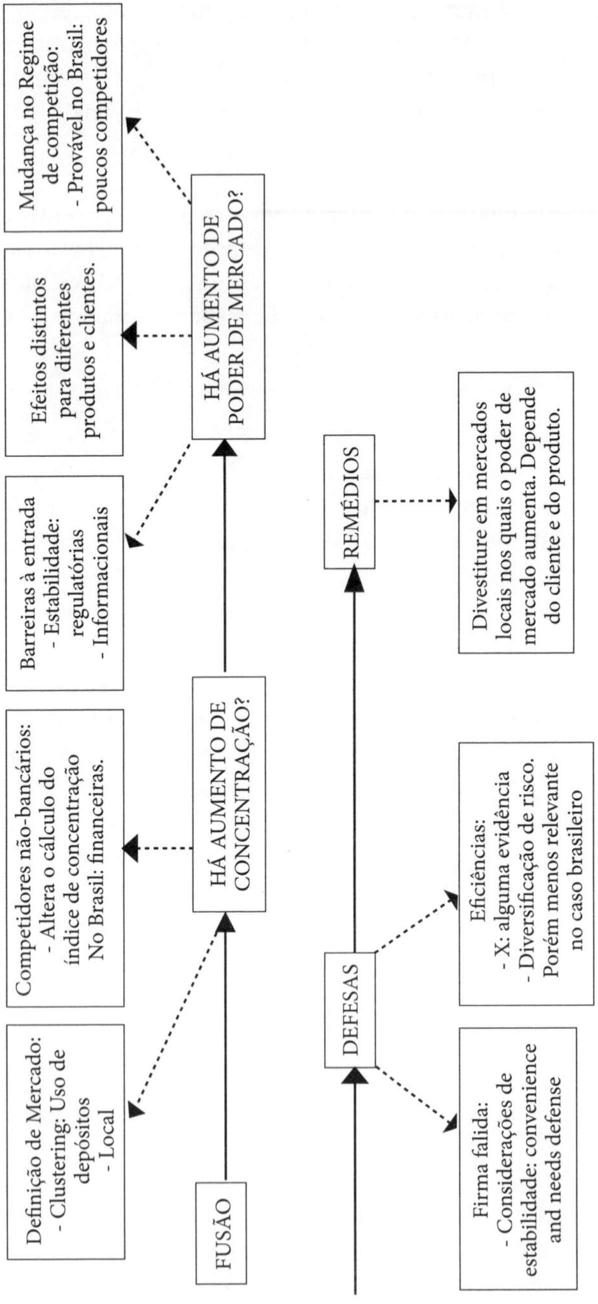
FUSÃO
HÁ AUMENTO DE CONCENTRAÇÃO?
HÁ AUMENTO DE PODER DE MERCADO?
Definição de Mercado:
- Clustering: Uso de depósitos
- Local
Competidores não-bancários:
- Altera o cálculo do índice de concentração
No Brasil: financeiras.
Barreiras à entrada
- Estabilidade: regulatórias
- Informacionais
Efeitos distintos para diferentes produtos e clientes.
Mudança no Regime de competição:
- Provável no Brasil: poucos competidores
DEFESAS
REMÉDIOS
Firma falida:
- Considerações de estabilidade: convenience and needs defense
Eficiências:
- X: alguma evidência
- Diversificação de risco.
Porém menos relevante no caso brasileiro
Divestiture em mercados locais nos quais o poder de mercado aumenta. Depende do cliente e do produto.

4. Análise de conduta no setor bancário

Assim como para a análise dos atos de concentração, a análise de conduta no setor bancário é especial. Mais uma vez, os problemas informacionais e a natureza da demanda no setor bancário complicam a inferência de conluio tácito. Revisaremos aqui o que a literatura tem a dizer sobre a especificidade da análise de conduta no setor bancário e descreveremos os métodos existentes de análise.

4.1 Conluio tácito na dimensão preço

Em termos teóricos, *mark-ups* elevados podem ocorrer por inúmeras razões. Portanto, conluio tácito é muito difícil de ser detectado, em qualquer setor de atividade econômica. Apesar disso, é importante, para a autoridade de defesa da concorrência, saber quais as condições nas quais um conluio tácito pode ocorrer e quais outros fatores particulares ao setor em análise podem ser confundidos com conluio tácito. No mínimo, os testes de conluio tácito podem ser utilizados na análise preliminar, para saber se, de fato, vale a pena acionar um determinado grupo de empresas por cartelização.

No setor bancário, essa tarefa é ainda mais árdua. Problemas informacionais diminuem o incentivo que os credores têm de competir na dimensão preço, e *clustering* no lado da demanda cria *switching costs*. Ambos esses fatores contribuem para confundir conluio tácito com competição imperfeita.

É preciso fazer uma pequena digressão. Para a análise de conduta, elevados *mark-ups* em equilíbrios são problemáticos se, e somente se, são causados por falta de competição. Parece um ponto trivial, mas não é. É possível que o *mark-up* seja de monopólio, mas as empresas estão competindo. Ou seja, o *outcome* é de cartel, mas a conduta é competitiva. Nesse caso, o remédio não envolve a autoridade de defesa da concorrência, mas sim alguma outra política que diminua as imperfeições de mercado que causam o *mark-up* elevado. Veremos agora quais são estas imperfeições e como elas podem ser confundidas com conluio.

As duas teorias apresentadas aqui mostram que é possível que os bancos não estejam competindo na dimensão preço, mas que o regime seja competitivo. Por isso, é preciso analisar todas as dimensões nas quais a competição pode se dar.

4.1.1 Switching costs

4.1.1.1 Teoria

Switching costs podem criar monopólios locais, onde local aqui significa a base de cliente já estabelecida pela empresa. Esse resultado teórico é conhecido desde Klemperer (1987a e b). A intuição é simples. Suponha que há duas firmas no mercado e que cada uma tenha estabelecido sua base de clientes. Se os clientes incorrem em um custo de mudança de uma firma para outra suficientemente alto, então cada uma das firmas tem incentivo para se comportar como monopolista na sua base de clientes. Por quê? Porque, para conseguir "roubar" os clientes da firma competidora, cada uma das firmas tem de colocar seu preço muito baixo, para induzir os clientes da outra firma a incorrer nos custos de mudança. Se as empresas não podem discriminar preço entre seus novos e antigos clientes, então ambas preferirão colocar o preço de monopólio na sua base de clientes e não agredir a outra firma.

É importante notar que as empresas não têm, nesse caso, incentivo para competir na dimensão preço, depois de estabelecido o relacionamento com seus clientes. No entanto, como elas podem extrair renda dos clientes, têm incentivo para competir, tanto em preço como em outra dimensão (isto é, publicidade), pelos clientes antes de eles terem estabelecido relacionamento com alguma outra empresa. Este é o fator que, potencialmente, diferencia mercados de competição fraca devido a *switching costs* de conluio.

No caso específico dos bancos, os *switching costs* são bastante relevantes. Primeiro, pelas razões citadas acima na subseção de definição de mercado relevante na dimensão produto, há economias de escopo no consumo de serviços bancários. Isso faz com que os clientes dos bancos tendam a concentrar suas operações bancárias em um só banco e percebam como é custoso consumir um produto específico em outro banco. Isso cria *switching costs* não só no nível do banco, mas também no nível do produto bancário. Outro tipo de *switching costs* no caso bancário está ligado a problemas informacionais no mercado de crédito, que será analisado a seguir.

É importante, mais uma vez, notar que a importância de *switching costs* no caso bancário depende fundamentalmente do tipo de cliente em questão. Firmas médias e pequenas e indivíduos enfrentam mais *switching costs* que grandes corporações.

4.1.1.2 Implementação empírica

Como podemos, na prática, diferenciar competição com *switching costs* de conluio tácito? Como dissemos, os dois regimes de competição têm implicações similares quanto ao *mark-up* observado, em termos estáticos. No entanto, as previsões dinâmicas dos dois regimes são diferentes, e esta diferença pode ser explorada para identificar qual dos dois regimes é operativo.

Há, em geral, três métodos empíricos para tentar separar esses dois regimes de competição. Em um dos métodos podem-se explorar as diferenças nas implicações dinâmicas dos dois regimes de competição. No segundo método, avalia-se se os *switching costs* são efetivamente relevantes. Pode ser feito de maneira mais quantitativa, pela estimação da probabilidade de mudar de banco dado certo preço de um produto (ou uma cesta de produtos) bancários, ou pela verificação da existência de fatores que produzam *switching costs*. Por fim, os dois regimes têm implicações bem diferentes quanto à lucratividade dos bancos. Pode-se assim avaliar dados contábeis de lucro. Esses métodos não são mutuamente exclusivos e, idealmente, deveriam ser utilizados de forma complementar.

- *Explorando as diferenças dinâmicas*

Note que se as empresas estão efetivamente competindo, a renda gerada no futuro pela existência de *switching costs* induz, no presente, forte competição pelos clientes. Portanto, sob a hipótese de competição com *switching costs*, os bancos deveriam estar competindo fortemente por novos clientes. Sob conluio, por outro lado, isso não é necessariamente verdade. Por definição, se os bancos estão cartelizados, então não é necessário competir por novos (ou velhos) clientes.

Algumas das evidências que podem ser levadas em conta para distinguir competição de *switching costs* e conluio estão descritas a seguir.

a) Existência de promoções de recrutamento

No caso de promoções de recrutamento, o banco oferece tarifas e taxas promocionais para novos clientes. Nesse tipo de esquema há competição na dimensão preço. No entanto, se o analista olha em um determinado ponto do tempo somente para alguns tipos de cliente, ele pode ter a impressão de que os bancos não estão competindo na dimensão preço, quer por estarem em conluio, quer pela presença de *switching costs*. A competição por clientes novos deveria consumir toda a renda futura que pode ser extraída dos clientes recrutados.

No caso do setor bancário, há exemplos de promoções desse tipo. Nos Estados Unidos há as ofertas de cartão de crédito com as chamadas *low introductory rates*, ou seja, o cliente tem acesso a crédito barato por um período introdutório. No Brasil, as contas universitárias são um outro exemplo. Os bancos oferecem contas bancárias a preços baixos em um primeiro momento (enquanto o cliente ainda é estudante) e depois as taxas vão para os níveis normais. Esse exemplo, no entanto, envolve outros fatores, como discriminação de preço intertemporal.

b) Campanhas publicitárias

Nesse caso, a competição não se dá via preço. Campanhas publicitárias provêem alguma evidência de competição. Dada a dificuldade de identificar precisamente a intenção do banco ao fazê-la, campanha publicitária é evidência mais fraca do que promoções introdutórias.

c) Mercados com novos consumidores

Como foi dito antes, os bancos, se não puderem discriminar preço entre os novos e os velhos consumidores, enfrentam um *trade-off*: eles podem cobrar caro dos consumidores antigos, e com isso extrair renda deles, ou cobrar barato para tentar adquirir consumidores. A segunda opção será tão mais atraente quanto maior for a proporção de novos consumidores, no sentido de que não estabeleceram relação com nenhum outro banco. Portanto, em mercados com uma proporção maior de novos consumidores é mais difícil sustentar um equilíbrio competitivo com alto *mark-up*, pois os bancos teriam mais incentivo para competir na dimensão preço. No caso bancário, esse fato pode ser explorado empiricamente, comparando o desempenho (taxas de juros médias em empréstimos e CDBs) entre mercados maduros e mercados de expansão. A suposição crucial de identificação é que nos últimos a proporção de novos clientes é maior. Enquanto sob competição com *switching costs* deve haver diferença significativa entre esses dois mercados, sob conluio não.

Com dados de painel, ou mesmo em *cross-section*, é simples implementar um teste. Suponha que tenhamos um painel com N bancos ao longo de T períodos. Seja r_{mit} a taxa de juros cobrada pelo banco i no período t

no mercado bancário m.[27] Seja CO_{mit} alguma medida de concentração no mercado bancário onde o banco está localizado. Essa medida geralmente é a concentração bancária naquele mercado relevante.[28] Finalmente, seja new_{mt} uma medida da quantidade de novos clientes no mercado m no período t. Uma possível medida de novos clientes é a proporção de migrantes naquele mercado. Outra é calcular a proporção de pessoas passíveis de serem clientes bancários que ainda não são. Na realidade, pode-se usar um procedimento de componente principal para incorporar essas duas (ou mais) características em uma mesma medida.

Estima-se então o seguinte modelo de regressão:

$$R_{mit} = \beta_0 + \beta_1 CO_{mit} + \beta_2 new_{mt} + \text{ controles}_{mit} + \Omega_1 DUM_m +$$
$$\Omega_2 DUM_i + \Omega_3 DUM_t + \varepsilon_{mit}$$

onde DUM_m, DUM_i e DUM_t são, respectivamente, *dummies* de mercado, banco e tempo. O coeficiente de interesse é o associado a new_{mt}, que sob a hipótese de competição com *switching costs* deve ser negativo. Ou seja, $\beta_2 < 0$. A medida de concentração CO_{mit} é incluída para evitar que new_{mt} capture a variação devida a CO_{mit}.[29]

Esse modelo também pode ser estimado sem dados ao nível do banco, contanto que estejam disponíveis taxas de juros médias (ou quantidades totais) no nível do mercado geográfico relevante.

- *Estimando* switching costs

Esse método é mais direto, a evidência é mais convincente, se encontrada, mas o *trade-off* é claro: é mais intenso em dados.

[27] Na realidade pode ser qualquer outra medida de desempenho, como a taxa de juros paga pelo banco em seus CDBs (ver Sharpe [1997]).

[28] No caso brasileiro, esta especificação demandaria observar as condições contratuais em cada um dos empréstimos, pois as taxas médias reportadas pelas IFs para o Bacen são médias nacionais. Com a nova Central de Risco que o Bacen está elaborando, isso se tornará factível no futuro próximo. No que se refere à medida de concentração, é preciso observar a quantia de alguma variável bancária (isto é, depósitos) em cada mercado geográfico relevante. O Bacen possui esses dados, mas não estão disponíveis por questão de sigilo. Uma estratégia *second best* é calcular concentração em cada mercado pelo número de agências.

[29] Mercados com mais consumidores novos tendem a ser mais concentrados, o que por si só aumenta a taxa de juros.

Idealmente, ele deveria ser implementado com microdados, geralmente advindos de *surveys*. Pode-se fazer uma pesquisa direta, perguntando quanto de diferencial em taxas de juros e tarifas bancárias em um determinado produto (ou cesta de produtos) seria necessário para induzir um cliente a mudar de banco. Com microdados, a estimação é um simples modelo de escolha discreta. Seja p_{bt} o preço médio cobrado dos serviços bancários pelo banco i, no período t. Seja $\tilde{p}_{bt} = p_{bt} - \sum_{n=1}^{B} \omega_{nt} p_{bt}$, onde ω_{nt} é o peso atribuído ao banco n. $\tilde{p}_{bt}$ é a diferença entre a taxa de juros cobrada pelo banco b e a média de mercado. Seja CO_{bt} uma medida de concentração no mercado geográfico bancário no qual o banco b está localizado no período *t*. Finalmente, seja $BANK_{bt}$ um vetor de características dos bancos. Ele pode incluir, por exemplo, número de agências, número de caixas eletrônicos etc.

Indexamos o cliente por *i*. Seja IND_i um vetor de características demográficas do cliente. Ele pode conter renda, faixa etária, sexo etc. Suponha, por aproximação, que cada indivíduo na amostra seja cliente de um só banco. Associa-se então cada cliente com uma medida $\tilde{p}_{bt}$.[30] Seja CH_{it} uma variável que assume o valor 1 se o cliente muda de banco, ou decide estabelecer relacionamento com outro banco, e 0 caso contrário. Seja SC_{it} o *switching cost* para o cliente *i* no período *t*. Modela-se a probabilidade de o cliente tomar esta decisão da seguinte forma:

$$CH_{it} = 1 \text{ se e somente se } \beta_0 + \beta_1 \tilde{p}_{bt} + \beta_2 CO_{bt} + \beta_3 INV_{it} + \beta_4 BANK_{bt} + \varepsilon_{it} > SC_{it}$$

onde ε_{it} é um choque estocástico não-observável. Note que SC_{it} tampouco é observável (afinal estamos querendo de alguma forma inferir sua existência e importância). Chame $u_{it} = SC_{it} - \varepsilon_{it}$. Faz-se uma suposição distributiva sobre u_{it} para estimar os parâmetros do modelo. Por exemplo, se o erro u_{it} tem uma distribuição extrema do tipo II, então o modelo é o *logit* e:

30 Isto claramente é violado na maioria das amostras. Uma correção possível é, para os indivíduos que têm relacionamento com mais de um banco, associá-los ao principal banco de relacionamento, se isto é observável.

$$\Pr(CH_{it}=1 \mid \tilde{p}_{bt}, CO_{bt}, INV_{it}, BANK_{bt}; \beta_1...\beta_4)=$$
$$f(\tilde{p}_{bt}, CO_{bt}, INV_{it}, BANK_{bt}; \beta_1...\beta_4)=$$

$$\frac{\exp(\beta_0+\beta_1\tilde{p}_{bt}+\beta_2 CO_{bt}+\beta_3 INV_{it}+\beta_4 BANK_{bt})}{1+\exp(\beta_0+\beta_1\tilde{p}_{bt}+\beta_2 CO_{bt}+\beta_3 INV_{it}+\beta_4 BANK_{bt})}$$

A presença e a importância de *switching costs* é avaliada pelo objeto:

$$\frac{\partial\hat{f}}{\partial\tilde{p}_{it}}=\hat{\beta}_1 f_1\left(\tilde{p}_{bt}, CO_{bt}, INV_{it}, BANK_{bt}; \hat{\beta}_1...\hat{\beta}_4\right)$$, onde f_1 é a derivada parcial de f em relação ao primeiro argumento. Note que esse objeto deve ser positivo. No entanto, sob a presença de *switching costs* esse objeto deve ser próximo de zero. Ou seja, é preciso uma mudança grande em $\tilde{\boldsymbol{p}}_{bt}$ para produzir uma mudança de banco (ou o estabelecimento de relacionamento com outro banco). Quão grande é uma mudança grande? Isso depende do julgamento do analista, mas, por exemplo, se é necessário um aumento de um desvio-padrão em $\tilde{\boldsymbol{p}}_{bt}$ para aumentar em 2% a probabilidade de mudar de banco, é seguro dizer que há forte presença de *switching costs*.

- *Lucratividade*

O último tipo de evidência empírica se aproveita do fato de que enquanto sob conluio tácito os bancos deveriam auferir lucros extraordinários, sob competição com *switching costs* isso não é necessariamente verdade: se os bancos estão competindo, então o lucro extraordinário que eles auferem de seus clientes seriam dissipados na competição pelos clientes em um primeiro momento.

Esse tipo de evidência empírica é trivial: basta olhar a lucratividade dos bancos e comparar com o retorno médio da economia. Quanto maior for a diferença, maior a possibilidade de que conluio é o regime de competição (ou falta de).

O problema desse tipo de análise está na confiabilidade de dados contábeis reportados pelos próprios bancos. Por diversas razões tributárias, e mesmo para esconder comportamento anticompetitivo, os bancos têm incentivo para tentar reportar para baixo os lucros. Obviamente há um limite para fazê-lo sem que a autoridade tributária perceba. No entanto, isso sem dúvida enviesa o teste em favor da competição com *switching costs*. Portanto, falhar em encontrar alta lucratividade certamente não exclui a possibilidade de conluio.

4.1.2 Seleção adversa e apreçamento de crédito

A presença de *switching costs*, apesar de ser importante no setor bancário, não é particular a ele. Já os problemas informacionais são mais particulares ao setor bancário e constituem outra razão pela qual o comportamento competitivo, mas com pouco incentivo para competir na dimensão preço, pode ser confundido com conluio. O argumento apresentado se assemelha muito ao argumento de *switching costs* clássico apresentado na subseção anterior. No entanto, como aqui sua origem é informacional, esse argumento merece ser analisado separadamente.

4.1.2.1 Teoria

Um tipo especial de seleção adversa diminui os incentivos que os bancos têm de competir na dimensão taxa de juros no mercado de crédito, principalmente em empréstimos não-seguros, como cheque especial, cartão de crédito, capital de giro e conta garantida.

Após os relacionamentos banco-cliente serem estabelecidos, a seleção adversa faz com que os bancos tenham menos incentivos de competir por clientes. Isso se deve ao fato de que, quando competem agressivamente, os bancos tanto recrutam maus clientes como os induzem a tomar mais empréstimos do que os bons clientes (ver Ausubel [1991], Ausubel [1999] e Pinho de Mello [2004b]). Esse efeito foi documentado empiricamente para o caso brasileiro, no apreçamento de empréstimos no cheque especial (ver Pinho de Mello [2004b]).

Para que esse tipo de seleção adversa ocorra é preciso que duas condições teóricas sejam atendidas. Primeiro, é preciso que haja *switching costs* relevantes para todos os tipos de tomadores de crédito. Segundo, é preciso que os maus tomadores tenham maior elasticidade preço-demanda por crédito. Isso ocorrerá se eles tomarem crédito por razões diferentes. Imagine o consumidor de cheque especial. A hipótese crucial é que os bons tomadores o fazem por conveniência, enquanto os maus tomadores fazem suavização de consumo de médio prazo com esses empréstimos. Como empréstimos no cheque especial são muito caros, por preferência revelada, os maus tomadores, se não fossem maus, teriam interesse em revelar informações para os credores e em tomar empréstimos mais baratos. Por que os bons tomadores tomam empréstimo no cheque especial? Por conveniência. Geralmente eles são os tipos que tomam quantias relativamente pequenas por pouco tempo.

Exatamente pela diferença na origem da demanda dos dois tipos, os maus tomadores têm mais a ganhar pesquisando os melhores termos e têm mais incentivos para responder a uma diminuição na taxa de juros com um aumento no endividamento. Dessa forma, é possível sustentar um equilíbrio com preço acima de custo marginal (mesmo constante), ainda que em regime de concorrência altamente competitivo. Ao cortar os competidores com uma taxa de juros baixa, o banco tem uma perda de segunda ordem no preço, um ganho de primeira ordem na quantidade, mas, adicionalmente, uma perda de primeira ordem na qualidade de seus empréstimos. Por isso o resultado clássico de Bertrand (preço = custo marginal, com custo marginal constante) não aparece.

Ao contrário de *switching costs* clássico, esta teoria, que se pode chamar de *switching costs* informacionais, não prevê que a lucratividade deve ser parecida com a competição oligopolista com poucos competidores. Certamente os bancos tendem a ganhar muito com os tomadores bons, mas perdem com os maus. Como é difícil identificar os maus tomadores *a priori*, não há necessariamente incentivo para "gastar" a renda a ser extraída dos bons tomadores com recrutamento.

Qual a relevância disso para a autoridade de defesa da concorrência? Mais uma vez, se essa possibilidade for empiricamente relevante, a conduta em alguns mercados de crédito é competitiva, mas o resultado é parecido com o de conluio, tácito ou explícito. Padrões de apreçamento de empréstimos, como cheque especial, sempre causaram a apreensão de que há falta de competição no setor bancário. Essa apreensão deve ser qualificada se a seleção adversa é a causa da falta de competição, pois o problema não seria conluio, mas sim a estrutura de informação no mercado de crédito. Se esse for o caso, não é um problema da autoridade de defesa da concorrência.

4.1.2.2 Implementação empírica

A teoria tem uma importante implicação no que se refere à análise de conduta: os bancos não teriam interesse em competir na dimensão preço (taxa de juros) em alguns produtos de crédito, como cheque especial ou capital de giro.

Essa teoria tem mérito empírico. Ausubel (1991) documentou que as taxas de juros nos empréstimos de cartão de crédito nos Estados Unidos apresentavam significativa resistência à queda em resposta a quedas na taxa básica de juros, que é das previsões da teoria. Mais, a lucratividade dos bancos em empréstimos no cartão de crédito foi consistentemente alta durante o período dos anos 1980, o que é incompatível com a competição com *switching costs* clássicos. Como era muito difícil aceitar a idéia de conluio no setor nesse período dada a sua estrutura (mais de 40 mil competidores), Ausubel interpretou seus resultados como evidência em favor dessa teoria de seleção adversa.

O mesmo Ausubel (1999) ofereceu mais evidência em favor dessa teoria usando dados experimentais. Com um experimento no qual os termos de oferta de cartão de crédito eram aleatórios, ele mostra que tomadores com características piores tendem a ser mais sensíveis a melhores termos no que se refere à taxa de juros.

Essa teoria é uma das raras exceções nas quais há alguma evidência para o caso brasileiro. Pinho de Mello (2004b) reporta a relação entre agressividade de apreçamento em empréstimos no cheque especial e queda na qualidade do portfólio dos bancos. O método é simples e pode ser útil na avaliação de conduta. No entanto, ela demanda dados de painel no nível do banco, ao menos. Como o Banco Central possui esses dados, a utilização do método é relativamente barata no Brasil. Por isso o reproduzimos aqui.

Seja r_{nt} a taxa de juros média cobrada pelo banco n no período *t*. Seja D_{nt} a taxa de default do banco n no período *t*. Esse objeto pode ser medido de várias formas. Pinho de Mello (2004b) tinha o estoque de empréstimos atrasados mais de 15 dias no cheque especial. Estima-se então o seguinte modelo:

$$D_{nt} = \beta_0 + \beta_1 D_{nt-1} + \beta_2 r_{nt-j} + MACRO_t + DUMMY_n + \varepsilon_{nt}$$

onde *MACRO* é um vetor de controles macroeconômicos para controlar para fatores que têm efeito sobre a probabilidade agregada de ocorrer *default*, e *DUMMY* é uma variável categórica para cada banco, de modo a controlar para efeitos fixos de cada banco. O primeiro lag de D_{nt} é incluído porque costuma haver muita persistência nas séries de *default* que poderia ser confundida com o efeito de r_{nt-j}. A taxa de juros entra defasada porque tanto do ponto de vista contábil como econômico demora certo tempo para que o efeito descrito apareça. Como há defasagem da variável dependente, e não se sabe o processo estocástico do termo ε_{it}, é preciso controlar para endogeneidade de D_{nt-1} (mesmo já tendo controlado para os efeitos fixos). O procedimento, já padrão, é por Generalized Method of Moments (GMM) usando lags como instrumentos (ver Arellano e Bond [1991]).

A teoria diz que $\beta_2 < 0$, ou seja, que uma diminuição na taxa de juros de um banco, ficando tudo o mais constante, provoca uma piora na qualidade do seu portfólio.

O procedimento descrito só corrige para a endogeneidade de D_{nt-1}. No entanto, é muito provável que r_{nt-j} também seja endógeno, pois os bancos decidem preço (taxa de juros) baseados em expectativa de *default*. O viés produzido é em direção a 0. Ou seja, se o procedimento acima nos dá o resultado de que há evidência de que $\beta_2 < 0$, então com certeza esse efeito negativo existe.

4.1.3 Evidências de conluio tácito na dimensão preço

Nesta subseção descreveremos alguns fatores que podem ser interpretados como evidência de conluio tácito no setor bancário. Esses fatores são ou práticas que facilitam o conluio ou evidências diretas de conluio.

4.1.3.1 Práticas que facilitam o conluio tácito

O modelo apresentado na subseção 3.1.2.2 é instrutivo para entender como pode haver quebra no regime de competição, mas é pobre para entender conluio tácito. Em equilíbrio, nesse modelo, nunca ocorre punição. Na prática o conluio tácito envolve detecção e punição. A razão pela qual não há punição em equilíbrio no modelo simples é que a informação é completa, ou seja, se a demanda de todos os outros cai, isso significa com certeza que alguém desviou, o que desperta a punição. Nos modelos mais ricos, como por exemplo Green e Porter (1984) ou Rotemberg e Saloner (1986), a informação é incompleta, ou seja, se uma firma observa uma queda de demanda pelo seu produto, ela não sabe se isso veio de um desvio de alguma outra firma ou de algum outro fator. Nesses modelos, e no mundo real, é imprescindível detectar o comportamento desviante. Algumas práticas podem facilitar a detecção. Listamos algumas delas para o setor bancário.

- *Detecção*

Um fator que pode complicar a sustentabilidade de um conluio tácito é a pouca uniformização dos produtos oferecidos. Como choques de demanda afetam produtos diferenciados de maneira diferenciada, então quanto mais uniformes forem os produtos, mais fácil será separar choques de demanda de comportamento desviante. No setor bancário esse fator é especialmente importante, pois os produtos de crédito são bastante distintos, além de os devedores serem de diferentes *risk pools*, ou seja, terem diferentes probabilidades de ficar inadimplentes. Desse modo duas práticas, no setor bancário, podem ser interpretadas como evidência de conluio tácito.[31]

a) Uniformização

Se os bancos tendem a uniformizar alguns produtos, especialmente de crédito, e se estes apresentam *mark-ups* supranormais, então a autoridade antitruste pode usar isso como evidência da presença de conluio tácito. Note que é preciso não só que haja uniformização, mas que o preço seja alto.

b) Uso dos mesmos critérios de identificação de risco

Se os bancos usam diferentes critérios de identificação de risco, então é difícil identificar se a perda de demanda de crédito para um determinado *risk pool* de um determinado banco foi resultado de comportamento desviante por outro(s) banco(s), ou por identificação diferente de risco daquele determinado cliente. Nesse caso, a detecção de comportamento desviante é mais difícil.

Dessa forma, quando bancos usam critérios parecidos de identificação de risco, isso facilita o conluio tácito. Principalmente se há a adoção de critérios uniformizados a partir de certo ponto do tempo, associada a um aumento nas taxas de juros, a autoridade antitruste pode usar isso como evidência preliminar de conluio tácito.

- *Punição*

Além da detecção, o conluio tácito produz, na prática, guerras de preços temporárias: é a fase da punição. Essa guerra de preços pode ser gerada

[31] Já nos referimos a essas práticas na subseção de efeitos coordenados.

mesmo sem comportamento desviante, pois com informação incompleta é preciso punir a evidência de desvio, para evitá-lo.[32]

Nesse contexto, baixas repentinas e grandes nas taxas de juros, seguidas de subidas, são evidência preliminar de conluio tácito. Note que, em uma situação de competição com *switching costs*, o que causaria uma guerra de preços seria uma repentina queda no *switching costs* dos tomadores. Essas quedas tendem a ser permanentes, de modo que uma volta a níveis altos de taxa de juros não é compatível com competição com *switching costs*.

4.1.4 Conclusão

Esta subseção contém um importante resultado para análise de conduta em geral, e em particular para o setor bancário. Às vezes um apreçamento aparentemente incompatível com concorrência não o é. Principalmente sob a presença de *switching costs* clássico e informacional, é preciso que a autoridade de defesa da concorrência proceda com bastante cuidado, para não desperdiçar recursos preciosos onde não são necessários.

É verdade que, nesses casos aqui citados, apesar de a conduta ser concorrencial, o *outcome* é parecido com o de cartelização. No entanto, o remédio não é antitruste, mas alguma política que atenue os fatores que levam ao pouco incentivo a competir na dimensão preço. No caso do mercado de crédito, por exemplo, é plausível que um aumento no compartilhamento de informação atenue os *switching costs* informacionais.

Além disso, vimos algumas evidências de conluio tácito. De forma geral, é preciso muito cuidado na interpretação de altos *mark-ups* no setor bancário. É preciso que haja evidência adicional (além de altas taxas de juros), como foi indicado nas duas últimas subseções. Todas as evidências colocadas aqui devem ser usadas de forma preliminar, na identificação dos casos nos quais, potencialmente, é razoável perseguir uma ação contra um possível conluio tácito.

4.2 Conluio tácito em outras dimensões

De maneira resumida, a análise sobre conluio tácito na dimensão preço pode ser colocada da seguinte forma: a observação de altos *mark-ups*

[32] Ver Green e Porter (1984).

deve ser interpretada como conluio tácito ou como falta de incentivo para competir na dimensão preço?

Dessa forma, é possível que os bancos estejam em conluio em outras dimensões, exatamente para diminuir o incentivo a competir na dimensão da taxa de juros. Esse conluio em outras dimensões só faz sentido se, além de diminuir o apetite para a competição via preço, também reduzir o incentivo a gastar recursos com recrutamento de clientes.

É bastante difícil identificar conluio em outra dimensão que não o preço. Damos aqui um exemplo que se refere especificamente ao setor bancário, ou, mais precisamente, ao mercado de crédito.

4.2.1 (Falta de) Compartilhamento de informação

Como vimos, a falta de compartilhamento de informação sobre devedores pode causar *switching costs* informacionais. Isso provoca aumento de rentabilidade sobre a base atual de bons clientes de cada banco, pois arrefece os incentivos a competir na dimensão preço pelos bons clientes que já estabeleceram relacionamento bancário. No entanto, esse aumento de rentabilidade pode ser evaporado pela competição entre bancos pelo recrutamento de bons clientes.

É possível então que a relutância em compartilhar informação possa representar conluio tácito? Sim, se o mercado for maduro, de modo que não há um grande número de clientes novos a serem conquistados.

Duas condições para que essa prática seja lucrativa são (de forma não excludente):

- Pouco movimento migratório entre os mercados bancários, principalmente em sistemas bancários nacionais, como o brasileiro, nos quais os mesmos bancos operam em vários mercados (ver Pagano e Japelli [1993]).
- Pouco crescimento do mercado de crédito pelo lado da demanda.

4.3 Outros comportamentos anticompetitivos

Conluio não é, obviamente, o único comportamento anticompetitivo. *Tie-in*, contratos de exclusividade, predação são outros exemplos relevantes que ocorrem no setor bancário.[33] Não há, no entanto, muita especificidade desses comportamentos para o setor bancário. Esses tópicos estão cobertos em outros trabalhos neste mesmo livro como, por exemplo, no Capítulo 6.

Bibliografia

AKHAVEIN, J., FRAME, W. S., WHITE, L. The diffusion of financial innovations: an examination of the adoption of small business credit scoring by large banking organizations. Federal Reserve Bank of Atlanta, Apr. 2001 (Working Paper, 2001-9).

ALLEN, F., GALE, D. Competition and financial stability. *The Journal of Money, Credit, and Banking*, v. 36, n. 3, p. 453-480, 2004.

__________. Financial contagion. *The Journal of Political Economy*, v. 108, p. 1-33, 2000.

AMEL, D., HANNAN, T. Defining banking markets according to the principles recommended in the Merger guidelines. *The Antitrust Bulletin*, p. 615-639, Fall 2000.

AMEL, D., STARR-MCCLUER, M. Market definition in banking: recent evidence. *The Antitrust Bulletin*, p. 63-89, Spring 2002.

ARELLANO, M., BOND, S. Some tests of specification for panel data: Monte Carlo evidence and an application to employment equations. *The Review of Economic Studies*, v. 58, p. 277-297, 1991.

AUSUBEL, L. Adverse selection in the credit card market. University of Maryland, 1999 (Working Paper).

__________. The failure of competition in the credit card market. *The American Economic Review*, v. 81, p. 50-81, 1991.

BAKER, D. Searching for an antitrust beacon in the bank merger fog. *The Antitrust Bulletin*, p. 651-666, Fall 1992.

BAUMOL, W., PANZAR, J., WILLIG, R. *Contestable markets and the theory of industry structure*. Harcourt Brace Jovanovich, 1982.

BECK, T., DEMIRGUÇ-KUNT, A., LEVINE, R. Bank concentration and crisis. World Bank Conference on Bank Concentration and Competition, 2003.

BECK, T., DEMIRGUÇ-KUNT, A., MAKSIMOVIC, V. Bank competition and access to finance: international evidence. *The Journal of Money, Credit, and Banking*, v. 36, n. 3, p. 627-648, 2004.

BELAISCH, A. Do Brazilian banks compete? 2003 (IMF Working Paper, 03/113).

[33] Ver, por exemplo, Brief for the United States in the Case against VISA USA, VISA International, and Mastercard. O DOJ processou estas duas companhias por práticas exclusionárias.

BERGER, A., DEYOUNG, R. Technological progress and geographic expansion of the banking industry. Federal Reserve Bank of Chicago, 2002 (Working Paper, 2002-07).

__________. The ability of banks to lend to informationally Opaque small businesses. *Journal of Banking and Finance*, v. 25, p. 2.127-2.167, 2001.

BERGER, A., HANWECK, G., HUMPHREY, D. Competitive viability in banking: scale, scope and product mix economies. *The Journal of Monetary Economics*, v. 20, p. 501-520, 1987

BERGER, A., HUMPHREY, D. Megamergers in banking and the use of cost efficiency as an antitrust defense. *The Antitrust Bulletin*, p. 541-600, Fall 1992.

BERGER, A., KASHYAP, A., SCALISE, J. The transformation of the US banking industry: what a long, strange trip it's been. *Brookings Papers on Economic Activity*, n. 2, p. 55-218, 1995.

BERGER, A., UDELL, G. Relationship lending and lines of credit in small firm finance. *The Journal of Business*, v. 68, p. 351-381, 1995.

BERGER, A. et alii. Bank concentration and competition: an evolution in the making. *The Journal of Money, Credit, and Banking*, v. 36, n. 3, p. 433-451, 2004.

BINGAMAN, A. Antitrust and banking. Department of Justice, United States Government, address before the Comptroller of the Currency, Conference on Antitrust and Banking, 1995.

BOYD, J., NICOLÓ, G., SMITH, B. Crises in competitive *versus* monopolistic banking systems. *The Journal of Money, Credit, and Banking*, v. 36, n. 3, p. 487-506, 2004.

BRESNAHAN, T., REISS, P. Entry and competition in concentrated markets. *The Journal of Political Economy*, v. 99, p. 977-1.009, 1991.

__________. Entry in monopoly markets. *The Review of Economic Studies*, v. 57, n. 4, p. 531-553, 1990.

CAPRIO, G., KLINGEBIEL, D. Bank insolvencies: cross country experiences. World Bank, 1996 (Policy Research Working Paper, 1.620).

CARLETTI, E., HARTMANN, P. Competition and stability: what's special about banking? In: MIZEN, P. (ed.). *Monetary history, exchange rates and financial markets: essays in honor of Charles Goodhart*, v. 2. Cheltenham: Edward Elgar, 2002.

CHRISTENSEN, L., GREENE, W. Economies of scale in US electric power generation. *The Journal of Political Economy*, v. 84, n 4, p. 655-676, 1976.

CLAESSENS, S., GLAESSNER, T., KLINGEBIEL, D. *E-finance in emerging markets: is leapfrogging possible?* Washington, DC: World Bank, 2000a (Financial Sector Discussion Paper, 7).

__________. *Electronic finance: a new approach to financial sector development?* Washington, DC: 2000b (World Bank Discussion Paper, 431).

CLAESSENS, S., LAEVEN, L. What drives bank competition: some international evidence. *The Journal of Money, Credit, and Banking*, v. 36, n. 3, p. 563-583, 2004.

COLE, R. The importance of relationships to the availability of credit. *The Journal of Banking and Finance*, v. 22, p. 959-977, 1998.

COSTA, A. C., NAKANE, M. 2004.

CYRNAK, A, HANNAN, T. Is the cluster still valid in defining banking markets? Evidence from a new data source. *The Antitrust Bulletin*, p. 313-331, Summer 1999.

DELL'ARICCIA, G. Asymmetric information and the structure of the banking industry. *The European Economic Review*, v. 45, p. 1.957-1.980, 2001.

DEMIRGUÇ-KUNT, A., LAEVEN, L., LEVINE, R. Regulations, market structure, institutions and the cost of financial intermediation. *The Journal of Money, Credit, and Banking*, v. 36, n. 3, p. 593-622, 2004.

DEPARTMENT OF JUSTICE. Brief for the United States in the case against Visa USA. United States Government, Visa International, and Mastercard. 2002. Acessível em <http://www.usdoj.gov/atr/cases/f11700/11793.htm>.

__________. Merger guidelines. United States Government, 1992.

__________. Merger guidelines for the banking industry. United States Government, 1997.

DEWATRIPONT, M., TIROLE, J. *The prudential regulation of banks*. Cambridge: MIT Press, 1994.

DIAMMOND, D., DYBVIG, P. Bank runs, deposit insurance and liquidity. *The Journal of Political Economy*, v. 91, p. 401-419, 1983.

ELLIEHAUSEN, G., WOLKEN, J. Small business clustering of financial services and the definition of banking markets for antitrust analysis. *The Antitrust Bulletin*, p. 707-735, Fall 1992.

FREIXAS, X., ROCHET, J.-C. *Microeconomics of banking*. Cambridge: MIT Press, 1997.

GILBERT, R. A., ZARETSKY, A. Banking antitrust: are the assumptions still valid? *Federal Reserve Bank of St. Louis Review*, p. 29-52, Nov./Dec. 2003.

GOLDBERGER, A. *A course in econometrics*. Cambridge: Harvard University Press, 1991.

GORTON, G., WINTON, A. Financial intermediation. In: CONSTANTINIDES, G., HARRIS, M., STULZ, R. (ed.). *Handbook of the economics of finance*. Amsterdam: North-Holland, 2002.

GREEN, E., PORTER, E. Noncooperative collusion under imperfect price information. *Econometrica*, v. 52, n. 1, p. 87-100, 1984.

GUERIN-CALVERT, M., ORDOVER, J. The 1992 agency horizontal Merger guidelines and the Department of Justice approach to bank Merger analysis. *The Antitrust Bulletin*, p. 667-688, Fall 1992.

HANWECK, G., SHULL, B. A new Merger policy for banks. *The Antitrust Bulletin*, p. 679-711, Fall 2000.

__________. The bank Merger movement: efficiency, stability and competitive policy concerns. *The Antitrust Bulletin*, p. 251-284, Summer 1999.

HARRIS, M., HOLMSTROM, B. A theory of wage dynamics. *The Review of Economic Studies*, v. 49, p. 315-333, 1982.

JAPELLI, T., PAGANO, M. Information sharing in credit markets: the European experience. Centro Studi Economia e Finanza, Università degli Studi di Salerno, 2000 (Working Paper, 35).

JENSEN, M. Agency costs of free cash flow, corporate finance, and takeovers. *The American Economic Review*, v. 76, n. 2, 1986 (Papers and Proceedings of the Ninety-Eighth Annual Meeting of the American Economic Association, p. 323-329).

JENSEN, M., MECKLING, W. The theory of the firm: managerial behavior, agency costs and ownership structure. *Journal of Financial Economics*, v. 3, p. 305-360, 1976

JOSKOW, P., NOLL, R. The Bell doctrine: applications in telecomumications, electricity, and other network industries. *Stanford Law Review*, v. 51, p. 1.249-1.315, 1999.

KEELEY, M. Deposit insurance, risk and market power in banking. *The American Economic Review*, p. 1.183-1.200, 1990.

KISER, E. Household switching behavior at depository institutions: evidence from survey data. *The Antitrust Bulletin*, p. 619-640, Winter 2002.

KLEMPERER, P. Markets with consumer switching costs. *The Quarterly Journal of Economics*, v. 102, n. 2, p. 375-394, 1987a.

__________. The competitiveness of markets with switching costs. *The Rand Journal of Economics*, v. 18, n. 1, p. 138-150, 1987b.

KRAMER, R. Megamergers in the banking industry. Washington, DC, address before the American Bar Association, 1999.

KWAST, M., STARR-MCCLUER, WOLKEN, J. Market definition and the analysis of antitrust in banking. *The Antitrust Bulletin*, Winter 1997.

LITAN, R. Antitrust and assessment of bank Mergers. Department of Justice, United States Government, address before the American Bar Association, 1994.

MARQUEZ, R. Competition, adverse selection and information dispersion in the banking industry. *The Review of Financial Studies*, v. 15, p. 901-926, 2002.

MARTINEZ PERIA, M. S., MODY, S. How foreign participation and market concentration impact bank spreads: evidence from Latin America. *The Journal of Money, Credit, and Banking*, v. 36, n. 3, p. 511-537, 2004.

MESTER, L. A multiproduct cost study of savings and loans. *The Journal of Finance*, v. 42, n. 2, p. 423-445, 1987.

MESTER, L., NAKAMURA, L., RENAULT, M. Checking accounts and bank monitoring. Federal Reserve Bank of Philadelphia, 2001 (Working Paper, 01-3).

MINISTÉRIO DA FAZENDA/MINISTÉRIO DA JUSTIÇA. Guia de análise econômica de atos de concentração horizontal. Portaria Conjunta Seae/SDE, n. 50, de 1o de agosto (*Diário Oficial da União*, n. 158-E, Seção 1, p. 12-15, 17/08/2001).

NAKANE, M. A test of competition in Brazilian banking. *Estudos Econômicos*, v. 32, p. 203-224, 2002.

NORTHCOTT, C. *Competition in banking*. Ottawa, Canada: Bank of Canada, 2004 (Working Paper, 2004-24).

PAGANO, M., JAPELLI, T. Information sharing in credit markets. *The Journal of Finance*, v. 48, p. 1.693-1.718, 1993.

PETERSEN, M., RAJAN, R. Does distance still matter? The information revolution and small business lending. *Journal of Finance*, v. 57, 2002.

__________. The effect of credit market competition on lending relationships. *The Quarterly Journal of Economics*, v. 110, p. 407-443, 1995.

PINHO DE MELLO, J. Adverse selection in the market for unsecured loans: the case of overdraft loans in Brazil, 3rd Chapter. Department of Economics, Stanford University, 2004b (Ph.D. Dissertation).

__________. Market power and availability of credit: the case of the small firms, 2nd Chapter. Department of Economics, Stanford University, 2004a (Ph.D. Dissertation).

RADECKI, L. Competition in shifting product and geographic markets. *The Antitrust Bulletin*, p. 571-613, Fall 2000.

RHOADES, S. Bank Mergers and bank structure in the United States, 1980-1998. Board of Governors of the Federal Reserve System, 2000 (Staff Study, 174).

__________. Consolidation of the banking industry and the Merger guidelines. *The Antitrust Bulletin*, p. 689-705, Fall 1992.

__________. Efficiency effects of horizontal (in-market) bank Mergers. *The Journal of Banking and Finance*, v. 17, n. 2-3, p. 411-422, 1993.

ROBINSON, C. Bank Mergers and antitrust. Department of Justice, United States Government, address before The Association of the Bar of the City of New York, 1996.

ROTEMBERG, J., SALONER, G. A supergame-theoretic model of price wars during booms. *The American Economic Review*, v. 76, n. 3, p. 390-407, 1986.

SHAFFER, S. A test of competition in Canadian banking. *The Journal of Money, Credit, and Banking*, v. 25, n. 1, p. 49-61, 1993.

__________. Potential Merger synergies among large commercial banks. Federal Reserve Bank of Philadelphia, 1991 (Working Paper, 91-17).

SHARPE, S. The effect of consumer switching costs on prices: theory and its application to the bank deposit market. *Review of Industrial Organization*, v. 12, p. 79-94, 1997.

SHULL, B., WHITE, L. A symposium on the changes in banking, with implications for antitrust: introduction. *The Antitrust Bulletin*, p. 553-569, Fall 2000.

SIMONS, K., STAVINS, J. Has antitrust policy in banking become obsolete? *The New England Economic Review*, Mar./Apr. 1998.

SUTTON, J. *Sunk costs and market structure*. London: MIT Press, 1991.

TIROLE, J. *The theory of industrial organization*. Cambridge, MA: MIT Press, 1998.

EXTERNALIDADES DE REDE E CONDUTAS ANTICONCORRENCIAIS NO SISTEMA FINANCEIRO: UM OLHAR SOBRE O MERCADO DE MEIOS DE PAGAMENTOS

Caio Mário da Silva Pereira Neto*

José Inácio de Almeida Prado Filho**

1. Introdução

A defesa da concorrência no sistema financeiro assumiu, recentemente, grande relevância nas discussões de política pública no Brasil. Após a controvérsia acerca da competência para julgar atos de concentração no mercado bancário, o Poder Executivo elaborou e enviou ao Congresso Nacional um Projeto de Lei Complementar (PLC) destinado a resolver os conflitos de competência entre CADE e Banco Central. Tal projeto, de número PLC 344/2002, atribui ao SBDC competência plena para adjudicar a concorrência entre instituições financeiras, salvo nos casos de risco sistêmico, hipótese em que a competência deverá ser exercida pelo Banco Central. Da mesma forma, a Justiça Federal já decidiu que os órgãos de defesa da concorrência detêm competência para avaliar a competição no setor financeiro (cf. Apelação em Mandado de Segurança 2002.34.00.033475-0/DF, Tribunal Regional Federal da 1.ª Região, Relator Des. Fed. Fagundes de Deus, j. 29.08.2007).

Uma vez solucionada a questão da competência, as atenções voltar-se-ão à análise substantiva de estruturas e condutas em mercados financeiros. Nesse momento será necessário atentar para algumas especificidades relevantes dos diversos produtos financeiros, com vistas a compreender a dinâmica competitiva existente e as potenciais preocupações antitruste. A compreensão de tais especificidades contribuirá tanto para direcionar

* Doutor (J.S.D.) em Direito pela Universidade de Yale (EUA), professor de Direito Econômico da Escola de Direito de São Paulo (FGV/SP).

** Doutorando em Direito pela Universidade de São Paulo e acadêmico da Escola de Economia de São Paulo (EEPS/FGV).

as atenções das autoridades para os segmentos com dinâmica competitiva potencialmente problemática quanto para instruir a análise de mercados particularmente complexos.

Inserindo-se no âmbito desse debate substantivo, o presente artigo discute potenciais condutas anticoncorrenciais no mercado financeiro, em particular naqueles segmentos que apresentam certa especificidade econômica: externalidades de rede (*network effects*). A análise geral dos efeitos de rede em produtos financeiros serve como pano de fundo para a discussão mais específica a respeito do mercado de meios de pagamento ou cartões de pagamento (*i.e.*, cartões de débito, cartões de crédito, títulos de legitimação como vales-refeição), um segmento particularmente afetado por essa característica econômica.

Com efeito, o caso dos meios de pagamento coloca em evidência as complicações adicionais que o direito concorrencial enfrenta quando analisa uma atividade financeira organizada sob a forma de rede. Indústrias de redes apresentam uma característica singular: o valor do produto tende a crescer conforme o número de usuários aumenta (trata-se do chamado *feedback* positivo de demanda). Assim, redes maiores apresentam-se mais atrativas aos consumidores e, na medida em que opta por uma rede maior, o consumidor reforça o valor desta para os outros usuários já integrantes da rede.

Esse efeito econômico favorece o domínio do mercado por um único fornecedor, atraindo naturalmente a atenção das autoridades de defesa da concorrência. Além disso, a dinâmica competitiva típica dos mercados em rede oferece incentivos claros a práticas comerciais destinadas a excluir concorrentes, aprisionar consumidores e gerar incompatibilidade ou baixa interoperabilidade entre redes.

Nesse contexto, não é difícil compreender a convergência de preocupações do Banco Central e do Sistema Brasileiro de Defesa da Concorrência com os cartões de pagamento. Em 11 de abril de 2006, o Banco Central divulgou a Diretiva 1/2006, cujo objeto é exatamente o mercado de cartões de pagamento.[1] Embora sem força normativa, este instrumento sugere a necessidade de compartilhamento de infra-estrutura de captura, processamento, compensação e liquidação dos pagamentos eletrônicos ao varejo como forma de garantir eficiência e bem-estar econômicos. Em

[1] A Diretiva 1/2006 está disponível em http://www.bcb.gov.br/htms/spb/Diretiva-1-2006.pdf.

14 de julho de 2006 foi assinado um convênio entre o Banco Central, a SDE e a SEAE regulando a cooperação técnica entre essas autoridades para elaboração de análises e estudos sobre a concorrência na indústria de cartões de pagamento.[2]

Para analisar a questão dos efeitos de rede em mercados financeiros, com especial atenção ao mercado de cartões de pagamento, o presente trabalho será dividido em três seções além desta introdução. Na segunda seção serão abordadas as externalidades de rede e as características gerais de funcionamento das indústrias e dos segmentos do mercado financeiro que apresentam efeitos de rede. A terceira seção terá como objeto a análise de potenciais condutas anticompetitivas no mercado de meios de pagamentos, abordando problemas em três níveis: (i) competição na distribuição de meios de pagamento; (ii) competição por usuários de meios de pagamentos; (iii) competição no credenciamento de estabelecimentos. A quarta seção trará breves conclusões desse estudo.

2. Externalidades de rede e defesa da concorrência em mercados financeiros

a) Especificidades de indústrias com externalidades de rede

As chamadas indústrias de rede apresentam uma característica bastante peculiar: a existência de um *feedback* positivo de demanda. Nessas indústrias, a utilidade dos produtos ou serviços comercializados é diretamente influenciada pelo número de usuários participantes da rede (*i.e.*, quanto mais usuários participam de uma mesma rede, maior tende a ser a utilidade desta).[3] Dessa forma, as decisões de um usuário sobre a sua participação ou não em determinada rede dependem diretamente das decisões de outros usuários.

[2] O Convênio BC-SDE-SEAE está disponível em http://www.bcb.gov.br/htms/inffina/convenio_bacen_sde_seae.pdf.

[3] Alega-se que, mais precisamente, o valor da rede é proporcional ao quadrado do número de usuários. Com efeito, se uma rede possui *N* usuários e se o valor da rede para cada um deles for proporcional ao número de *outros usuários*, então o valor da rede = então o valor da rede = $N.(N-1) = N^2 - N$. Essa regra prática ficou conhecida como Lei de Metcalfe (cf., Shapiro, C., Varian, H. *A economia da informação*. Rio de Janeiro: Elselvier, 1999, p. 216).

Tal característica afeta a dinâmica competitiva, sendo geralmente referida como efeito de rede (*network effects*) ou externalidade de rede (*network externality*). Como se nota, trata-se de um tipo especial de externalidade, na medida em que a participação de determinado usuário gera um efeito positivo na utilidade da rede para os demais usuários, sem que ele receba nenhuma compensação por isso. Michael Katz e Carl Shapiro, num artigo pioneiro e influente, referem-se aos efeitos de rede nos seguintes termos, *in verbis*:

> "There are many products for which the utility that a user derives from consumption of the good increases with the number of other agents consuming the good. There are several possible sources of these positive consumption externalities".[4]

Em alguns tipos de mercados em rede essas externalidades positivas são um *efeito direto* da conexão física de usuários. Por exemplo, no caso de redes de telefonia, a utilidade extraída por cada usuário depende diretamente do número de usuários integrantes da rede, pois maior será o número de ligações possíveis. Em outros mercados, as externalidades positivas são um *efeito indireto* (mas não menos relevante) do número de usuários participantes. Embora não estejam fisicamente ligados entre si, os usuários partilham um mesmo padrão ou plataforma e derivam maior utilidade de padrões mais difundidos ou de plataformas mais aceitas. Assim, por exemplo, nos mercados de *hardware* de computadores, a utilidade que os usuários extraem de uma determinada plataforma (*e.g.* PC, Macintosh) tende a depender do número de usuários que possuem máquinas do mesmo tipo, uma vez que a variedade de *softwares* oferecidos para cada plataforma depende diretamente da quantidade de usuários.[5]

Os mercados com externalidades de rede possuem certa tendência para o domínio por uma única empresa. Sendo certo que a utilidade de uma determinada rede tende a aumentar com o número de usuários, então existe uma efetiva possibilidade de migração em massa de usuários para uma única rede, especialmente quando tal rede se mostra

[4] Katz, M. L., Shapiro, C. "Network externalities, competition, and compatibility". *American Economic Review*, v. 75, 1985, p. 424.

[5] Os mercados com efeitos de rede diretos são designados "redes reais" (*real networks* ou *actual networks*). Os mercados com efeitos de rede indiretos são designados "redes virtuais" (*virtual networks*). Cf. Shapiro, C. "Exclusivity in network industries". *George Mason Law Review*, v. 7, 1999, p. 673.

exclusiva e incompatível com as demais redes existentes no mercado. Esse fenômeno de "rápida dominância", conhecido na literatura internacional como *market tipping*, é descrito em outro estudo de Michael Katz e Carl Shapiro:

> "In markets with network effects, there is natural tendency toward de facto standardization, which means everyone using the same system. Because of the strong positive-feedback elements, systems markets are especially prone to "tipping", which is the tendency of one system to pull away from its rivals in popularity once it has gained an initial edge".[6]

O fenômeno de *market tipping* já foi observado em vários mercados de rede como, por exemplo, o mercado de aparelhos de videocassete (o padrão VHS dominou o mercado, excluindo rapidamente o padrão Betamax), o mercado de plataformas de computadores (com a dominância da plataforma IBM-PC), o mercado de sistemas operacionais de computadores (rápida dominância do sistema operacional Windows) e, em certa medida, o mercado de cartões de crédito, com forte dominância de algumas bandeiras (*e.g.* Visa e Mastercard).

Em todos esses casos, repetiu-se o mesmo padrão competitivo: após um limitado período de competição entre redes distintas, determinada rede atingiu certa *massa crítica*, ocorrendo, a partir de então, rápido domínio desta sobre as demais. As conseqüências desse processo variam desde efeitos sensíveis sobre a dinâmica competitiva até a formação de monopólios de fato. A qualificação desse monopólio quanto aos impactos no bem-estar é, contudo, ambígua.

Se estivermos frente a um mercado de rede, a estrutura de concorrência perfeita pode ser inadequada do ponto de vista de bem-estar social. Como lembrado por Nicholas Economides, cobrar dos consumidores o custo marginal, sem contemplar as externalidades de rede, não angaria receitas suficientes para estender a rede até o ponto ótimo.[7] Embora o monopolista ainda tenha o incentivo tradicional de restringir a oferta, as externalidades de rede criam simultaneamente um incentivo oposto, de

6 Katz, M. L., Shapiro, C. "Systems competition and network effects". *Journal of Economic Perspectives*, n. 2, v. 8, 1994, p. 105-106.

7 Economides, N. "Network economics with application to finance". *Financial Markets, Institutions & Instruments*, v. 2, 1993, p. 94.

aumentar a rede e gerar um excedente do consumidor maior, uma vez que uma parcela dele poderá ser apropriada pelo monopolista. Qual desses incentivos preponderará depende do caso concreto.[8]

Por fim, o *feedback* positivo presente nos mercados em rede implica um grau razoável de *path dependence* e pode levar ao aprisionamento em um equilíbrio Pareto inferior.[9] De fato, a primeira rede a atingir a *massa crítica* irá dominar o mercado, independentemente de ser a rede capaz de gerar maior excedente aos consumidores. Uma vez estabelecida a dominância de uma rede, a entrada nesse mercado será possível apenas em um ambiente sujeito a inovações muito grandes e com alguma *contestabilidade* da rede incumbente; o entrante bem-sucedido irá tomar todo o mercado e estabelecer uma nova rede dominante, processo que ficou conhecido como *entrada catastrófica.*

Todos esses elementos (*i.e.*, *feedback* positivo, tendência ao domínio do mercado por uma única rede, importância da contestabilidade e *path dependence*) representam as características básicas de análise dos mercados em rede. A subseção seguinte trará algumas características particulares das redes no mercado financeiro.

b) Efeitos de rede no mercado financeiro

Mercados de produtos financeiros apresentam alguns segmentos organizados sob a forma de redes. Os mercados de cartões de crédito, cartões

8 Para os casos em que o incentivo de redução da oferta pelo monopolista prepondera, cf. Economides, N., Himmelberg, C. "Critical mass and network size with application to the US fax market". *Working Papers Series* 95-11, New York University, Leonard Stern School of Business, Departamento de Economia, 1995.

9 Cf., Arthur, W. B. "Competing technologies, increasing returns, and lock-in by historical events". *The Economic Journal*, v. 99, 1989, p. 116-131 e Arthur, W. B. "Self-reinforcing mechanisms in economics". In Anderson, P. W., Arrow, K. J., Pines, D. (ed.). *The economy as an evolving complex system*, 1988. Para *lock in* fora dos mercados em rede, cf. Gallini, N., Karp, L. "Sales and consumer lock-in". *Economica*, v. 56, 1989, p. 279-94; Farrell, J; Shapiro, C. "Optimal contracts with lock-in". *American Economic Review*, v. 79, 1989, p. 51-68; Klemperer, P. "Markets with consumer switching costs". *Quarterly Journal of Economics*, v. 102, 1987, p. 375-394; Klemperer, P. "The competitiveness of markets with consumer switching costs". *Rand Journal of Economics*, v. 18, 1987, p. 138-50; e A. Beggs, A; Klemperer, P. "Multi-period competition with switching costs". *Econometrica*, v. 60, 1992, p. 651-66.

de débito, títulos de legitimação (vale-refeição e vale-alimentação), caixas eletrônicos, contratos e instrumentos financeiros futuros são alguns exemplos de redes financeiras. Também nestas redes, a quantidade de usuários conectados afeta o valor total da rede, gerando o mesmo mecanismo de *feedback* positivo e a tendência de domínio do mercado por uma única rede. No entanto, as redes financeiras apresentam algumas particularidades quanto à sua estrutura e funcionamento que merecem considerações especiais.

Os integrantes das redes financeiras podem ser classificados de forma geral em dois grupos distintos: *demandantes* e *ofertantes*.[10] Cada lado exigirá uma contraparte que feche a sua posição, aperfeiçoando a transação financeira. Por essa razão, as redes financeiras serão normalmente organizadas como mercados de duas pontas, no qual existe um *feedback* positivo alimentado pelo número de ofertantes em uma ponta e pelo número de demandantes em outra (cf. Seção 3, *infra*). Além disso, nem todos os componentes serão complementares entre si, uma vez que somente as ofertas e demandas coincidentes serão complementares.[11]

Com efeito, *redes bidirecionais* são aquelas em que todos os componentes são complementares entre si, ao passo que *redes unidirecionais* são aquelas em que apenas alguns componentes são complementares. A conseqüência disso é que redes bidirecionais exibem *reversibilidade* ou

[10] No caso da compra de um instrumento financeiro, o *demandante* é o investidor que pretende adquirir o ativo, e o *ofertante* é o vendedor do papel; no caso do cartão de crédito, o *demandante* é o consumidor que procura crédito para pagar uma compra, e o *ofertante* é o estabelecimento comercial credenciado que oferece uma bandeira de cartão para pagamento a crédito; no caso do cartão de débito, o *demandante* é o consumidor que procura uma plataforma de pagamento, e o *ofertante* é o estabelecimento comercial credenciado que oferece uma bandeira de cartão para pagamento a débito; no caso de caixas eletrônicos, o *demandante* é o usuário que saca dinheiro, e o *ofertante* é o banco que fornece a moeda em diversos locais.

[11] Economides, N. "Network economics with application to finance". *Financial Markets, Institutions & Instruments*, v. 2, 1993, p. 91. O autor não menciona expressamente a classificação das redes financeiras como mercado de duas pontas, mas isso parece implícito no texto; ao mesmo tempo, ele afirma claramente que redes financeiras são unidirecionais ("Therefore, in a financial exchange network, not all components are complementary with each other", op. cit., p. 91).

reciprocidade, com cada conexão entre dois usuários representando dois produtos diferentes, enquanto em redes unidirecionais cada conexão representa um único produto.

Assim é que em uma rede telefônica a conexão entre os usuários *A* e *B* gera dois produtos distintos: (i) *A* telefona para *B* e (ii) *B* telefona para *A*. Numa transação financeira, a conexão entre os usuários *A* e *B* (por hipótese, demandante e ofertante) gera um único produto: *A* demanda e fecha uma transação financeira com *B*, o ofertante (ou *B* oferta e fecha uma transação financeira com *A*, o demandante, que é exatamente a mesma transação).[12]

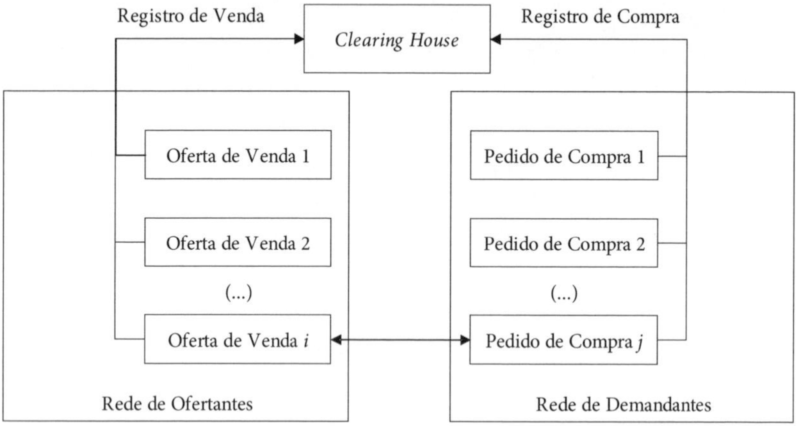

Diagrama 1: A transação de venda de um instrumento financeiro é uma rede financeira unidirecional. A Oferta de Venda *i* é complementar apenas do Pedido de Compra *j*, uma vez que apenas nesse par o ofertante e o demandante estão de acordo acerca do preço a ser pago. Além disso, o par (Oferta de Venda *i*)-(Pedido de Compra *j*) é exatamente o mesmo produto que (Pedido de Compra *j*)-(Oferta de Venda *i*).

Ao lado dessas diferenças estruturais, as redes financeiras também apresentam efeitos particulares interessantes conforme seu tamanho aumenta. Naturalmente, como qualquer indústria em rede, mais usuários conectados

12 Para a distinção entre redes unidirecionais e bidirecionais, cf. Economides, N., White, L. J. "One-way networks, two-way networks, compatibility, and public policy". In Gabel, D., Weiman, D. (ed.). *Opening networks to competition: the regulation and pricing of access*. Kluwer Academic Press, 1996.

aumentam o valor da rede; a adição de mais membros aumenta a *liquidez* do mercado e permite que mais transações sejam fechadas (efeito análogo ao aumento de conexões potenciais em uma rede física quando o número de usuários aumenta). Nicholas Economides argumenta, ainda, que esse aumento de liquidez beneficia não apenas aqueles que agora conseguem fechar um negócio, em função da maior liquidez, mas também todos os demais membros da rede, na medida em que o aumento de ofertas/demandas diminui a incerteza do mercado (medida pela variância do preço).[13]

Em se tratando dos mercados de meios de pagamento (*i.e.*, cartões de crédito, cartões de débito, títulos de legitimação etc.), a maior liquidez garantida por redes maiores não tem o efeito de diminuir a incerteza do mercado, mas oferece alguma redução dos custos de transação. A utilização de meios eletrônicos de pagamento permite transacionar mercadorias e serviços a custos menores do que usando os tradicionais meios físicos. Essas economias advêm da diminuição dos custos de tempo (idas ao banco para saque de dinheiro) e dos custos de informação e proteção (obtenção de informações sobre um emitente de cheque ou as perdas incorridas com devolução do título).

O maior excedente do consumidor gerado por redes maiores, em conjunto com a diminuição de incerteza ou com a redução dos custos de transação, deve ser considerado pelas autoridades concorrenciais ao avaliar condutas nos mercados financeiros sujeitos a efeitos de rede. Entretanto, justamente o maior valor que as grandes redes têm e a importância dos interesses em jogo geram fortes incentivos para construção e defesa das redes próprias, às vezes por meio de condutas anticoncorrenciais que podem ser consideradas ilegais.

Nesse contexto, as principais ocorrências com que as autoridades antitruste têm se defrontado em matéria de redes financeiras são disputas sobre acesso a uma determinada rede e a imposição de cláusulas de exclusividade.

[13] Sobre a redução de incerteza do mercado com a adição de contra-ofertas, cf. Economides, N., Siow, "A. Liquidity and the success of futures markets". Working Paper n. CSFM-118, Center for the Study of Futures Markets, Columbia Business School, 1985; Economides, N.; Siow, A. "The division of markets is limited by the extent of liquidity". *American Economic Review*, v. 78, 1988, p. 108-121; Economides, N. "Network externalities and invitations to enter". Discussion Paper n. EC-92-2, New York University, Stern School of Business, 1992.

Nos Estados Unidos, por exemplo, o acesso a redes de caixas eletrônicos foi discutido em BayBanks, Inc. *versus* New England Network, Inc. e em PULSE ATM Texas *versus* First Texas Savings and Loan. Nesses dois casos, discutiu-se a legalidade de certa rede de caixas eletrônicos excluir a comunicação com uma rede concorrente. Embora por vias diversas (acordo em juízo e decisão do Departamento de Justiça, respectivamente), o resultado em ambos os casos foi a liberação do acesso à rede concorrente.[14]

Assim, fica evidente que a estrutura em rede de alguns mercados financeiros gera um padrão competitivo particular e cria preocupações antitruste específicas. Em um ambiente onde a rede de usuários é o elemento fundamental, a busca de vantagens competitivas tende a se basear fortemente na construção e defesa da rede; e é justamente sobre a rede e sobre as condições em que o acesso de concorrentes deve ser permitido que serão travadas as principais disputas concorrenciais.

3. Externalidades de rede e potenciais condutas anticoncorrenciais no mercado financeiro: exemplos do segmento de meios de pagamento

O mercado de meios de pagamento (*e.g.* cartões de débito, cartões de crédito, títulos de legitimação) apresenta fortes externalidades de rede

[14] Em BayBanks, Inc. *versus* New England Network, a BayBanks, maior proprietária de caixas eletrônicos (ATMs) à época, teve seu ingresso na rede concorrente Yankee 24 negado. A incumbente era uma *joint venture* de redes ATM menores, que concorria vigorosamente oferecendo preços mais baixos aos usuários e aos bancos. O processo terminou em um acordo entre as litigantes, com a permissão de ingresso da BayBanks na rede concorrente; após o acordo, a Yankee 24 mudou a postura concorrencial, e as taxas aos consumidores acabaram por subir (BayBanks, Inc. *versus* New England Network, Inc, N. 86-3532-K (Mass. filed Dec. 9, 1986)). Em First Texas-PULSE, a First Texas demandou acesso à rede PULSE ATM sob alegação de que sua exclusão configuraria um boicote ilegal e lesivo à concorrência. A PULSE, considerando que o acesso representaria uma espécie de fusão branca com a rede MPAC, de que fazia parte a First Texas, submeteu o ato ao Departamento de Justiça. A autoridade antitruste norte-americana ordenou o acesso sob alegação de que os benefícios assim gerados seriam maiores do que os danos ocorridos com a perda de rivalidade (Carta de Willian Baxter, Procurador-Geral Assistente do Departamento de Justiça, Divisão Antitruste, a Donald I. Baker (03/ago/1983) (citado por Balto, D. "Acess demands on payment systems joint ventures". *Harvard Journal of Law & Public Policy*, v. 18, p. 629, nota de rodapé 19).

do tipo indireto. Há um *feedback* positivo de demanda que faz com que a utilidade de meios de pagamento adquiridos por um determinado usuário seja diretamente relacionada com o número de outros usuários que utilizam aquele mesmo meio de pagamento.

Mais precisamente, o *feedback* positivo no mercado de meios de pagamento manifesta-se em duas vertentes inter-relacionadas: (i) quanto mais comerciantes são credenciados para receber a nova forma de pagamento, maior a utilidade da rede para os usuários do meio de pagamento; (ii) quanto mais usuários do meio de pagamento, maior a utilidade da rede para os estabelecimentos credenciados. A produção deste efeito retroalimentador é garantida por meio de uma sofisticada malha de contratos com os adquirentes do meio de pagamento (usuários de cartão de crédito, empresas que oferecem títulos de legitimação aos seus empregados etc.) e com os estabelecimentos credenciados a recebê-los.

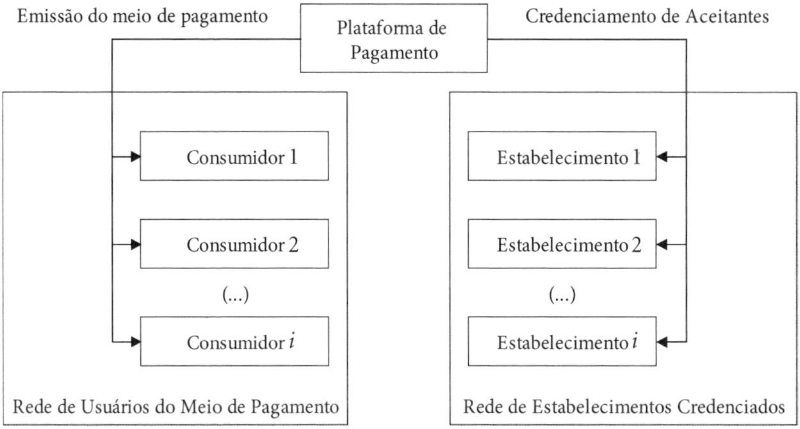

Diagrama 2: O valor da plataforma de pagamento depende do número de consumidores do meio de pagamento e do número de estabelecimentos aceitantes. A inter-relação entre duas vertentes de feedback garantiu a esses mercados a qualificação como mercados de duas pontas (*double sided markets*).

A dinâmica existente no mercado de meios de pagamento é bastante conhecida na literatura. Mark Lemley e David McGowan, num abrangente artigo sobre o impacto jurídico dos efeitos de rede, descrevem o mercado de cartões de crédito como uma rede virtual composta de complexas relações contratuais, *in verbis*:

> "Like actual networks, virtual networks are likely to require intricate webs of both formal and informal contracts to create the value the network delivers. Bank-issued credit cards provide a good example. Although they might confer some utility on their own (particularly in their credit aspect), credit cards exhibit network effects because their utility increases dramatically as the network develops. As the number of merchants willing to accept a credit card grows, the utility of the card to consumers increases, thus likely increasing the number of consumers who will want to own the card, which in turn provides incentive for more merchants to accept the card, and so on".[15]

A constatação de que os mercados de meios de pagamento em geral apresentam fortes externalidades de rede tende a elevar significativamente a preocupação em relação ao impacto de certas condutas potencialmente anticompetitivas. Isso ocorre por duas razões fundamentais.

Em primeiro lugar, os referidos mercados são particularmente suscetíveis a um rápido domínio por um único ou poucos agentes econômicos, como já descrito na Seção 2, *supra*. O *feedback* positivo advindo do crescimento de uma rede, assim como o *feedback* negativo assim gerado para as redes concorrentes, cria incentivos muito fortes para as empresas defenderem vigorosamente sua rede instalada. Essas estratégias de defesa, de seu lado, irão impactar o padrão de crescimento de todas as redes, o desenvolvimento do mercado e a própria competição no setor.

Em segundo lugar, o domínio adquirido por uma rede no mercado de meios de pagamento não poderá ser contestado facilmente por outras empresas. Externalidades de rede representam um fenômeno análogo a economias de escala na produção; e tanto quanto economias de escala, efeitos de rede serão mais preocupantes em alguns mercados do que em outros. Quanto mais relevantes as externalidades de rede, menor tende a ser a contestabilidade do mercado.

Em alguns mercados tecnológicos sujeitos a externalidades de rede (como o de sistemas operacionais para computadores), o *tipping* do mercado é acompanhado de uma contestabilidade sensível da posição detida pela firma dominante, em razão das constantes inovações do setor. Nesse contexto, as externalidades de rede tendem a não possuir força suficiente

[15] Lemley, M. A.; McGowan, D. "Legal implications of network effects". *California Law Review*, v. 86, p. 492, 1998.

para impedir a concorrência, mas a transformam de *competição no mercado* em *competição pelo mercado*. O que se verificará, então, é um padrão de potencial sucessão de monopólios temporários, onde o agente mais eficiente irá liderar o mercado durante certo lapso de tempo.[16] Essa contestabilidade do mercado leva a uma permanente pressão por inovação, mesmo por parte do monopolista de fato.

Esse mesmo processo de sucessão de firmas dominantes não se verifica no mercado de meios de pagamento. Aqui, o domínio adquirido por uma rede não pode ser contestado facilmente por outras empresas, especialmente se ele houver sido estabelecido por meio de cláusulas contratuais de exclusividade. Assim, um dos principais problemas no sistema de meios de pagamento diz respeito à contestabilidade, em especial se as formas por meio das quais o domínio de certas redes foi adquirido e é protegido puderem reduzir a contestabilidade do mercado, sem ganhos que compensem a perda de concorrência.

Outro problema central da existência de uma ou poucas redes são os incentivos gerados em favor da cooperação, que podem facilitar a colusão ou diminuir a rivalidade. Algumas demandas por acesso à rede podem, inclusive, ter o objetivo estratégico (e não declarável) de forçar a cooperação em detrimento da rivalidade no mercado.

É nesse contexto que as próximas subseções passam a discutir condutas potencialmente anticompetitivas no mercado de meios de pagamento. Como se discutirá, diversos elementos tendem a contribuir para que a dinâmica de domínio de mercado referida nos parágrafos anteriores se concretize.

a) Competição nas redes de emissão e distribuição de meios de pagamento: exclusividade e potencial fechamento do mercado

A operação de uma plataforma de meios de pagamento dependerá da existência de uma rede mínima de usuários capaz de tornar atrativo aos

16 Este padrão competitivo de disputa pelo mercado todo, com entrada catastrófica e sucessão de monopólios temporários, ficou conhecido na literatura econômica como *superstar competition*, em alusão ao processo de geração de astros da música ou do esporte (cf. Rosen, S. "The economics of superstar". *American Economic Review*, n. 5, v. 71, p. 845-58); para uma aplicação desse padrão típico do meio artístico ao mercado de sistemas operacionais, cf. Schmalensee, R. *Written testimony for the Microsoft case* (1/1/1999).

estabelecimentos de varejo o credenciamento a uma plataforma de meios de pagamento. A questão fundamental é que a construção dessa rede de usuários não pode ser ultimada sem uma estratégia bem-sucedida de emissão e distribuição do meio de pagamento.

O canal de emissão, por sua vez, deve apresentar ampla dispersão e algum poder de colocação do novo meio de pagamento. Assim é que uma plataforma de emissão e distribuição efetiva deve: (i) estar próxima do maior número de usuários potenciais e (ii) deter alguma capacidade de influenciar a adoção da nova modalidade de pagamento. Não é por acaso que as bandeiras de cartão de crédito credenciam seus usuários por meio dos bancos; também não deve causar espanto que algumas emissoras de títulos de legitimação, como vale-alimentação ou vale-refeição, iniciaram suas atividades em parceria com bancos privados.

A capilaridade do sistema bancário coloca-o mais próximo dos consumidores do que qualquer outro empresário. Tal nível de capilaridade, atingido por meio das agências, somente pode ser mantido porque as instituições financeiras atuam com um enorme portfólio de produtos e utilizam os lucros de todos eles para financiar a estrutura de agências dispersas. Se ainda tivermos em conta que a transação feita via plataforma de pagamento deve ser direta ou indiretamente liquidada dentro do sistema bancário, temos que os potenciais usuários de plataformas de pagamento se confundem com a população "bancarizada", de modo que nenhum usuário potencial fica fora do alcance do emissor bancário.

Além disso, a utilização do cartão magnético como instrumento típico de movimentação bancária permite oferecer a funcionalidade "meio de pagamento" de forma mais sugestiva (*i.e.*, mais barata), na medida em que abre espaço para explorar economias de escopo na emissão dos meios de pagamento.[17]

[17] A rigor, o mercado de meios de pagamento permite explorar economias de escopo em dois pontos diferentes. O primeiro deles é na emissão, pela utilização de um único cartão para exercer as funções de manipulação bancária (saque, retirada de extratos etc.), compras a débito, compras a crédito, utilização de vales e títulos de legitimação e qualquer outra função que a tecnologia permita ser incorporada ao cartão. O segundo âmbito onde economias de escopo poderão ser exploradas é na captura, processamento e liquidação das transações, uma vez que a rede de compensação e liquidação pode ser utilizada para capturar e processar vários tipos de transações distintas.

Não bastassem as economias de escopo, a ascendência dos bancos sobre seus clientes pode ser considerável. Em muitos casos, a totalidade da operação de certas empresas depende de um bom relacionamento com instituições financeiras, relacionamento este que se trava, na grande maioria dos casos, por intermédio da agência bancária. Em função dessa dependência, o cliente pode ser levado ao credenciamento na plataforma de pagamento por razões outras que não o seu interesse em efetuar transações com o cartão. A mesma prática pode ser utilizada em relação a estabelecimentos comerciais credenciados, muitos dos quais também poderão aceitar sua incorporação à plataforma de pagamento para ter acesso a outros serviços financeiros do banco emissor. Essa circunstância pode acelerar o crescimento das duas redes (usuários e estabelecimentos) e contribuir para que se dê início a um processo de *market tipping*.

A conclusão parcial é que utilizar bancos como forma de emissão gera uma vantagem competitiva para a plataforma de pagamento que dificilmente poderá ser revertida sem que as redes concorrentes também tenham acesso a bancos emissores. Isso coloca em pauta os problemas potenciais que cláusulas de exclusividade para emissão (conhecidas nas disputas norte-americanas e canadenses como *anti-duality rules*) podem trazer para a concorrência nesse mercado.

De fato, a imposição de exclusividade sobre um banco emissor reduz o canal de emissão mais eficiente para os demais concorrentes. No limite, se plataformas concorrentes de meios de pagamento não conseguirem acesso a outros bancos elas não poderão atingir a ponta dos usuários em condições competitivas, e os efeitos de rede, aliados ao fechamento do mercado de emissão promovido pela cláusula de exclusividade, levarão rapidamente ao domínio do mercado.

Um ponto deve ser esclarecido quanto aos efeitos da exclusividade na emissão de meios de pagamento. *Anti-duality rules* não são sempre lesivas à concorrência e podem fomentar a rivalidade entre plataformas de pagamento diversas. Uma vez que não há qualquer incompatibilidade para os usuários utilizarem mais de uma plataforma de pagamento,[18]

[18] Aliás, se alguma presunção *a priori* deve ser utilizada, deve-se admitir que os usuários terão preferência por deter mais de um meio de pagamento, se sua renda assim o permitir. Isso é assim em razão da segurança adicional que o consumidor tem ao carregar mais de uma forma de pagamento.

cláusulas de exclusividade que *não fechem* substancialmente o canal de emissão eficiente aos concorrentes tendem a apresentar impactos positivos sobre os consumidores. As plataformas de pagamento, munidas dos seus respectivos bancos emissores, irão disputar a preferência dos usuários oferecendo-lhes anuidades mais baratas e buscando credenciar mais estabelecimentos que os concorrentes, sendo que o sucesso dessa última estratégia depende da redução das tarifas de operação cobradas do estabelecimento credenciado. Dessa maneira, a quantidade de bancos ligados com exclusividade a uma mesma plataforma de pagamento será o elemento mais relevante para aferir o grau de rivalidade no mercado, uma vez que esse é o elemento que determina a existência ou não de fechamento (*foreclosure*) do mercado de emissão de cartões (*i.e.*, mercado-alvo da prática) às plataformas concorrentes.

Neste ponto parece ficar mais presente a possibilidade de dano à concorrência quando a imposição de cláusula de exclusividade partir de uma plataforma de meios de pagamento que utilize uma *joint venture* aberta como estratégia de emissão. A possibilidade de que a *joint venture* cresça e incorpore uma parcela significativa ou mesmo a totalidade do canal de emissão, impedindo a concorrência, é a grande preocupação antitruste. Parece este o caso da recente condenação da VISA nos Estados Unidos. Considerou-se, na ocasião, que a prática de exclusividade teria sido responsável pelo bloqueio da emissão de cartões de crédito concorrentes por instituições financeiras, reduzindo a competitividade de *players* independentes como American Express e Discover:

> "This appeal concerns the propriety of Visa U.S.A.'s and MasterCard's so-called "exclusionary" or "exclusivity" rules, which prohibit members of their networks from issuing Amex and Discover cards. The district court concluded that these exclusivity rules are anticompetitive because they restrict the ability of American Express and Discover to compete with Visa and MasterCard in marketing their "network services" to banks. As a result of these exclusionary rules, American Express and Discover have been effectively foreclosed from the business of issuing cards through banks. By reason of the exclusivity rules, a bank choosing to issue Amex or Discover cards would be compelled to forego issuing Visa and MasterCard cards. No United States bank has been willing to give up its membership

in the Visa U.S.A. and MasterCard networks in order to issue Amex or Discover cards.

(...)

In the market for network services, where the four networks are sellers and issuing banks and merchants are buyers, the exclusionary rules enforced by Visa U.S.A. and MasterCard have absolutely prevented Amex and Discover from selling their products at all.

Without doubt the exclusionary rules in question harm competitors. The fact that they harm competitors does not, however, mean that they do not also harm competition. (...) The district court was justified in finding harm to competition."[19]

Assim, as práticas de exclusividade na emissão de meio de pagamento representam uma preocupação antitruste se e quando elas implicam a *impossibilidade real* de outras plataformas entrarem e permanecerem no mercado. Haverá uma violação da Lei 8.884/94 apenas se a imposição de exclusividade gerar o domínio de uma forma de emissão por uma única rede e se a possibilidade efetiva de concorrer ficar impedida ou substancialmente limitada em razão desse domínio.

b) Competição por usuários finais de meios de pagamento: exploração de externalidades de rede e economias de escopo com objetivos anticompetitivos

O impacto das externalidades de rede sobre os incentivos das empresas que operam sistemas de meios de pagamento não se esgota na proteção e defesa das redes de distribuição de cartões de pagamento. A dinâmica de *feedback* positivo que o mercado apresenta pode gerar incentivos para utilização de estratégias predatórias na disputa pelo posto de rede dominante.

Atingida a massa crítica, e iniciado o processo de *tipping* do mercado e de desmantelamento das plataformas concorrentes, abre-se para a empresa

19 US Court of Appeals for The Second Circuit, Docket n. 02-6074/02-6076/02-6078, julgado em 17 de setembro de 2003, disponível em: http://www.usdoj.gov/atr/cases/f201200/201283.htm. Outros documentos do caso também estão disponíveis no sítio, possibilitando uma detalhada compreensão da ação contra as *joint ventures* Visa e Mastercard.

vencedora a oportunidade de cobrar preços maiores, sem preocupações com a capacidade de reação dos concorrentes, que estarão às voltas com o *feedback* negativo de suas respectivas redes. Há, dessa maneira, possibilidade real de recuperação das perdas incorridas durante a predação, sob as bases de que, após a massa crítica, estruturas em rede são necessariamente menos contestáveis do que mercados tradicionais.

A hipótese de predação exige, ainda, a disponibilidade de recursos financeiros para suportar as perdas incorridas até excluir os concorrentes do mercado. Além das fontes de recursos tradicionais, como poder financeiro do grupo controlador do negócio de meio de pagamento, o mercado em questão pode apresentar outra fonte particular de recursos: subsídios cruzados advindos do emissor. E quando a emissão do meio de pagamento é promovida por instituição financeira, economias de escopo na emissão de cartões, economias de escopo na captura e liquidação das transações e o amplo portfólio de produtos bancários podem gerar uma folga de caixa considerável, a ser utilizada como subsídios cruzados.

Nesse contexto, o mercado de meios de pagamento possuiria (i) uma estrutura pouco contestável e propensa a estratégias predatórias e (ii) agentes com capacidade econômica e financeira para implementar tais estratégias. Portanto, a redução de preços abaixo do custo variável para conquista de mercado e posterior elevação de preços tende a ser algo pelo menos plausível nesse mercado.

Ainda que as condutas no mercado não cheguem a configurar predação propriamente dita, não há por que duvidar da racionalidade de utilizar subsídios cruzados na oferta de meio de pagamento. Os grandes ganhos de escala no momento inicial, assim como a disputa para atingir a massa crítica antes dos concorrentes, indicam com alguma segurança que poderão ser praticados subsídios bastante agressivos para implementação de uma rede.

Tais subsídios poderão, ao seu turno, ser oferecidos pela plataforma de liquidação de operações ou pelo emissor em qualquer dos lados do mercado: aos usuários do meio de pagamento ou aos estabelecimentos credenciados. Em alguns casos, os subsídios cruzados assumem feição de predação, enquanto em outros eles podem configurar uma espécie de venda casada. Vejamos.

No caso dos usuários de meios de pagamento, é possível que as instituições financeiras emissoras ofertem o produto em condições bastante depreciadas, na medida em que os custos seriam cobertos pelas demais atividades desses agentes econômicos. Nessa hipótese, estaríamos diante de uma prática predatória financiada por meio dos lucros auferidos em outros mercados. A perspectiva de ganho futuro existe, como já ressaltado, em virtude da possibilidade de *market tipping*, com a conseqüente monopolização do mercado de meios de pagamento (situação do tipo *winner takes all*).

Outra possibilidade seria a oferta de pacotes de serviços, incluindo meios de pagamento, no âmbito dos quais os bancos poderiam reduzir o preço de outros produtos financeiros considerados relevantes por seus clientes. Conhecendo a demanda específica de cada cliente, em virtude do intenso relacionamento existente nesse mercado, tais pacotes poderiam ser montados de forma a "persuadir" o usuário a migrar para outra bandeira de meio de pagamento, independentemente da melhor ou pior qualidade deste produto em relação aos seus concorrentes. Nesse caso, estaríamos diante de uma prática de venda casada, que neutralizaria a competição pelo mérito dos produtos no mercado de meios de pagamento.

O reconhecimento da oferta de descontos significativos para a venda de pacotes de serviços financeiros incluindo os meios de pagamento tende a levantar problemas anticoncorrenciais. Herbert Hovenkamp discute a possibilidade de caracterização da venda casada em situações análogas à descrita acima:

> "Another sort of conditioning occurs when the tie-in appears not as an absolute requirement, but as a discount or other favorable term to a customer who takes two products together. In such cases there is ample 'coercion'. If product A is $10.00 purchased alone but only $6.00 purchased with product B, coercion exists just as much as if all purchasers of A must also take B".[20]

Finalmente, as instituições financeiras também podem utilizar o seu grande portfólio de produtos para oferecer pacotes especiais para os estabelecimentos comerciais que se credenciarem à sua rede. Esses pacotes

[20] Hovenkamp, H. *Federal antitrust policy: the law of competition and its practice*. St. Paul, Minn., p. 364-365, 1994.

provavelmente assumiriam contornos similares àqueles oferecidos aos adquirentes do meio de pagamento, com a única peculiaridade de que seria relativamente fácil construir pacotes financeiros utilizando como garantia os recebíveis liquidados com o meio de pagamento da plataforma do emissor.

Tem-se, assim, uma situação na qual a hipótese de predação não deve ser descartada *a priori*, e as condições estruturais são favoráveis à prática de subsídios cruzados, advindos da própria plataforma de liquidação ou do agente emissor. Todo esse contexto indica necessidade de consideração detida das condutas suspeitas nesse mercado.

c) Concorrência por estabelecimentos credenciados: alavancagem, venda casada e exclusividade na rede credenciada

Nesta subseção serão analisados os impactos no credenciamento de estabelecimentos, avaliando (i) a possibilidade de alavancagem (*leverage*) da rede de estabelecimentos credenciados para diversos tipos de produto, em razão das economias de escopo na captura de transações, e (ii) a criação de incentivos (e disponibilidade dos meios) para práticas anticoncorrenciais destinadas a reduzir a rede de captura de transações dos demais concorrentes.

Além dos efeitos de rede e da economia de escopo na emissão do instrumento de pagamento em conjunto com o cartão bancário, a estrutura do mercado de meios de pagamento conta ainda com economias de escopo na captura e processamento das transações comerciais feitas com os instrumentos pagamento. Há, dessa maneira, uma possibilidade real de convergência das redes de pagamento, com vantagens claras na utilização de uma única rede para captura e liquidação de diversos tipos de transação (*e.g.* transações de crédito, débito, cartões pré-pagos, títulos de legitimação).[21]

21 Essa convergência das redes de liquidação não impede as economias de escopo na emissão do meio de pagamento, e a regra geral tem sido utilizar o mesmo instrumento físico para serviços diversos. O cartão oferecido pelos bancos, por exemplo, cumula as funções de movimentação bancária, utilização de serviços financeiros diversos (como requisição de extratos, saldos, efetuação de pagamentos de boletos etc.), compras a crédito e compras a débito. As

Note que construir uma rede para capturar e liquidar dois tipos diferentes de pagamentos implica custos unitários médios menores por transação do que construir a mesma rede para manipular uma única forma de pagamento. Isso ocorre porque o custo fixo da rede de liquidação será amortizado por um número maior de transações e uma parte da baixa contestabilidade das plataformas de pagamento deve-se exatamente a tais economias de escopo. Para ser considerado um substituto perfeito, o novo instrumento de pagamento deve oferecer a mesma rede de estabelecimentos credenciados e o mesmo número de funcionalidades; se isso não ocorrer, o entrante terá de cobrar um preço mais baixo e/ou enfrentar um custo médio unitário maior. Além disso, os efeitos de rede continuam em vigor e ligar-se a uma rede já construída apresenta mais vantagens do que a conexão a uma rede ainda em formação.

Esses dois efeitos, economias de escopo e efeitos de rede na oferta de serviços de captura e liquidação de transações eletrônicas, possibilitam a alavancagem da rede de estabelecimentos credenciados de uma plataforma de pagamento para outra (*e.g.* a plataforma de crédito foi utilizada para rápida implementação de cartões de débito). A existência de um núcleo de estabelecimentos comerciais que aceite diversos meios de pagamento e a importância do instrumento para os estabelecimentos credenciados criam as condições de fato necessárias para transformar a possibilidade teórica em realidade empresarial.

Um conjunto de estabelecimentos que aceite diversos meios de pagamento é fundamental para que os estabelecimentos não ligados a nenhuma plataforma prefiram a concorrente "multiproduto". Óbvio que essa alavancagem, mesmo quando existente, apresenta limites. Por exemplo, picos de demanda ocorrem em alguns meios de pagamento e não em outros (como vales-refeição ao meio-dia) e podem gerar a capacidade ociosa desnecessária para algum dos meios de pagamento disponível dentro da firma multiproduto.

exceções se verificam para cumprir a regulação específica de alguns títulos de legitimação, que obriga a utilização de um instrumento exclusivo, como os vales-refeição e vales-alimentação (cf. art. 17, §§ 2.º e 6.º, Portaria 03/2002 do Ministério do Trabalho e Emprego).

Além disso, a força da plataforma multiproduto dependerá da sensibilidade dos estabelecimentos comerciais ao instrumento de pagamento; se a operação do negócio não pode ser feita sem essa forma de pagamento, o poder de barganha da empresa que opera a plataforma será considerável, e um novo meio de pagamento poderá ser imposto aos estabelecimentos credenciados.

Os potenciais problemas antitruste não se esgotam nas tentativas de alavancagem do poder num certo tipo de meio de pagamento para outros tipos de meio de pagamento, mas também incluem estratégias para limitar a aceitação de meios de pagamento de outros competidores.

Tais práticas anticompetitivas podem assumir os mais variados contornos. Em seu limite mais extremo, a imposição de cláusulas de exclusividade em certo tipo de meio de pagamento pode ser utilizada como condição para o credenciamento do estabelecimento comercial na utilização de outros produtos da mesma plataforma (*e.g.* exclusividade na utilização de uma bandeira de cartão de crédito para ligação à rede credenciada de cartões de débito). Essa estratégia seria uma espécie de venda casada da perspectiva do estabelecimento credenciado: tendo em vista a forte posição dominante no mercado principal (cartões de crédito – *tying market*), o impacto desta prática sobre o mercado secundário (cartões de débito – *tied market*) tenderia a ser negativo, limitando sensivelmente a penetração dos concorrentes.

Convém ainda lembrar que as economias de escopo só poderão ser apropriadas se a plataforma tiver na sua rede credenciada estabelecimentos que utilizam vários meios de pagamento. Esses varejistas desempenham, assim, um papel muito importante para a operação de sistemas de pagamentos, e cláusulas de exclusividade sobre eles podem promover uma restrição considerável da concorrência.

Observe-se, contudo, que a conduta anticoncorrencial pode não adotar a forma extrema de exclusividade, apresentando nuanças menos evidentes. Por exemplo, seria possível uma oferta de condições mais favoráveis a estabelecimentos que priorizem o uso de plataforma em relação a concorrentes (*e.g.* fazendo propaganda mais ostensiva de uma plataforma). Outro exemplo seria a possível discriminação de preços (*i.e.*, taxa sobre o valor da transação) conforme a disposição dos estabelecimentos em restringir e/ou dificultar a aceitação de outros meios de pagamento concorrentes.

Em resumo, a existência de uma rede credenciada ampla pode dotar uma plataforma incumbente de poder econômico considerável, diminuindo a contestabilidade no mercado de meios de pagamento. Esse poder poderá ser utilizado de forma estratégica para alavancar a entrada de um novo instrumento de pagamento[22] ou para restringir a capacidade de entrada de concorrentes no *core business* da firma incumbente.[23]

4. Conclusões

Já é passado o tempo de superar a discussão a respeito da alocação de competências na aplicação de regras de defesa da concorrência ao mercado financeiro, sendo fundamental que o debate acadêmico e a formulação de políticas públicas se movam rapidamente para questões substantivas relacionadas com o padrão de competição nesse importante setor da economia.

O presente artigo procurou contribuir para uma melhor compreensão de alguns segmentos do mercado financeiro que merecem particular atenção do Banco Central e do SBDC no que tange à análise de condutas potencialmente anticompetitivas. Ao enfocar serviços que apresentam fortes externalidades de rede (*network effects*), notadamente os diversos tipos de meios de pagamento, procurou-se colaborar para a compreensão de uma dinâmica competitiva bastante peculiar.

Os segmentos do mercado financeiro organizados na forma de redes apresentam certas características que merecem destaque: aumento da utilidade do produto com o aumento do número de usuários (*feedback* positivo de demanda), forte economia de escala, economias de escopo, propensão ao rápido domínio do mercado por uma única empresa após o alcance de certa massa crítica (*market tipping*), baixa contestabilidade do mercado, relevância de questões de compatibilidade entre redes.

22 Esse tipo de estratégia foi discutido pelo CADE no ato de concentração que criou a *joint venture* Visa-Vale, que representou a entrada da plataforma Visa nos mercados de vale-alimentação e vale-refeição. Cf. AC 08012.007912/2001-74, julgado em 13.03.2004.

23 Esse tipo de estratégia foi discutido em casos que analisaram supostas práticas anticompetitivas das *joint ventures* Visa e Mastercad para evitar a entrada de competidores como Amex e Discovery. Cf. US Court of Appeals for The Second Circuit, Docket N. 02-6074/02-6076/02-6078, julgado em 17 de setembro de 2003, disponível em: http://www.usdoj.gov/atr/cases/f201200/201283.htm.

Todas essas características estimulam a concentração econômica nesses segmentos e aumentam a capacidade e os incentivos para a adoção de condutas anticompetitivas. Afinal, trata-se de mercados em que o ganhador tende a obter parcela substancial ou mesmo a totalidade do mercado (*winner takes all*). Assim, não é de estranhar que atividades financeiras com externalidades de rede tenham sido objeto de intensas discussões na literatura acadêmica internacional e no âmbito concreto da aplicação de regras antitruste em outras jurisdições.

No caso específico do segmento de meios de pagamento, a dinâmica de concentração dos diversos produtos em poucas redes de emissão de cartões e captura de transações é uma conseqüência natural das características econômicas da indústria. No entanto, certos tipos de conduta podem acabar reforçando de forma ilícita o domínio de um ou poucos agentes econômicos no mercado.

Nesse sentido, foram analisados a racionalidade econômica e os potenciais efeitos negativos de diversas práticas comerciais no mercado de meios de pagamento. A discussão enfocou três planos distintos de competição: (i) a competição por redes de emissão e distribuição de meios de pagamento (*e.g.* bancos de varejo); (ii) a competição por usuários finais dos meios de pagamento (*i.e.*, detentores de cartões eletrônicos); (iii) a competição por estabelecimentos credenciados.

Em cada um desses três planos, os agentes econômicos podem explorar as externalidades de rede e economias de escopo para reforçar a sua posição no mercado e elevar as barreiras à entrada de novos concorrentes. Nesse contexto, práticas de exclusividade, venda casada, subsídios cruzados e predação podem ser particularmente prejudiciais à competição, conforme as condições de mercado e o posicionamento do agente econômico protagonista da conduta.

Vale notar que as lições tiradas dessa breve análise dos meios de pagamento podem se aplicar, com algumas nuanças, a outros segmentos do mercado financeiro que apresentam externalidades de rede (*e.g.* caixas eletrônicos – ATMs). Afinal, a dinâmica de aumento da utilidade da rede para usuários e do potencial efeito nocivo de certas condutas é muito similar nesses segmentos.

Finalmente, é fundamental ressalvar que o presente artigo não tem nenhuma pretensão de exaurir o tema, mas sim de contribuir para a abertura de uma nova agenda de discussão. Nesse espírito, a análise aqui realizada levanta pontos que certamente merecerão maior aprofundamento em trabalhos futuros.

Bibliografia

ARTHUR, W. B. "Competing technologies, increasing returns, and lock-in by historical events". *The Economic Journal,* p. 116-131, 1989, v. 99.

______. "Self-reinforcing mechanisms in economics". In: Anderson, P. W., Arrow, K. J., Pines, D. (ed.) *The Economy as an Evolving Complex System*, 1988.

BALTO, D. "Access demands on payment systems joint ventures". *Harvard Journal of Law & Public Policy*, v. 18.

BEGGS, A.; KLEMPERER, P. "Multi-period competition with switching costs". *Econometrica*, p. 651-66, 1992, v. 60.

ECONOMIDES, N. "Network economics with application to finance". *Financial Markets, Institutions & Instruments*, p. 94, 1993, v. 2.

______. "Network externalities and invitations to enter". Discussion Paper n. EC-92-2, New York University, Stern School of Business, 1992.

ECONOMIDES, N.; HIMMELBERG, C. "Critical mass and network size with application to the US fax market". *Working Papers Series 95-11*, New York University, Leonard Stern School of Business, Departamento de Economia, 1995.

ECONOMIDES, N.; SIOW, A. "Liquidity and the success of futures markets". *Working Paper n. CSFM-118*, Center for the Study of Futures Markets, Columbia Business School, 1985.

______. "The division of markets is limited by the extent of liquidity". *American Economic Review*, p. 108-121, 1988, v. 78.

ECONOMIDES, N.; WHITE, L. J. "One-way networks, two-way networks, compatibility, and public policy". In: GABEL, D.; WEIMAN, D. (ed.). *Opening networks to competition: the regulation and pricing of access.* Kluwer Academic Press, 1996.

FARRELL, J.; SHAPIRO, C. "Optimal contracts with lock-in". *American Economic Review*, p. 51-68, 1989, v. 79.

GALLINI, N.; KARP, L. "Sales and consumer lock-in". *Economica*, p. 279-94, 1989, v. 56.

HOVENKAMP, H. *Federal antitrust policy: the law of competition and its practice*. St. Paul, Minn., p. 364-365, 1994.

KATZ, M. L.; SHAPIRO, C. "Network externalities, competition, and compatibility". *American Economic Review*, p. 424, 1985, v. 75.

______. "Systems competition and network effects". *Journal of Economic Perspectives,* n. 2, p. 105-106, 1994, v. 8.

KLEMPERER, P. "Markets with consumer switching costs". *Quarterly Journal of Economics*, p. 375-394, 1987, v. 102.

______. "The competitiveness of markets with consumer switching costs". *Rand Journal of Economics*, p. 138-50, 1987, v. 18.

LEMLEY, M. A.; McGOWAN, D. "Legal implications of network effects". *California Law Review,* p. 479, 1998, v. 86.

ROSEN, S. "The economics of superstar". *American Economic Review*, n. 5, p. 845-858, 1981, v. 71.

SCHMALENSEE, R. *Written testimony for the Microsoft case* (1/1/1999).

SHAPIRO, C. "Exclusivity in network industries". *George Mason Law Review*, p. 673, 1999, v. 7.

SHAPIRO, C.; VARIAN, H. *A economia da informação*. Rio de Janeiro: Elselvier, 1999.

CONCORRÊNCIA E SISTEMA FINANCEIRO: A CONSTRUÇÃO DE UM MODELO DE POLÍTICA DE DEFESA DA CONCORRÊNCIA NO SETOR BANCÁRIO BRASILEIRO

Luiz Carlos Delorme Prado*

Ricardo Villas Bôas Cueva**

1. Introdução

Desde a década de 1990, quando todas as economias do mundo, exceto por escassas e exóticas exceções, converteram-se em versões do capitalismo, o debate sobre os diversos tipos de economia de mercado tomou o lugar da velha controvérsia sobre as diferenças entre os sistemas econômicos. Os limites da intervenção do Estado e, em especial, o alcance das políticas públicas de regulação econômica têm sido um tema de importância crescente, com acaloradas polêmicas entre acadêmicos e nos setores mais politizados da sociedade civil. Este é um tema antigo com nova roupagem. Edmund Burke, em uma correspondência freqüentemente citada, já afirmava no século XVIII que:

> "Um dos mais delicados problemas das legislações é o que o Estado deve assumir sob sua responsabilidade direta e o que deve deixar, com a menor interferência possível, para a discrição dos indivíduos".[1]

* Doutor em Economia, Professor do Instituto de Economia da UFRJ, é atualmente Conselheiro do Cade.

** Doutor em Direito, Procurador da Fazenda Nacional, é atualmente Conselheiro do Cade.

[1] "It is one of the finest problems in legislation, what the state ought to take upon itself to direct and what it ought to leave, with as little interference as possible, to individual discretion." Burke, Edmund, *Letter to William Elliot, Esq., 1795.* Este texto foi citado por autores de várias correntes de pensamento, como Keynes, 1963, p. 312-313, e o *Think Thank* conservador Ludwing Von Mises Institute, ver www.mises.org.

O fato é que a vitória ocidental na Guerra Fria não foi o fim da história, como queria Fukuyama (1992), mas o início de um novo debate histórico, em que os diversos países teriam de escolher distintas combinações de intervenção do Estado e de liberdade econômica, tendo como premissa que todos operariam em uma economia de mercado, em um mundo crescentemente globalizado.

O Brasil também teve de fazer escolhas. Ao abandonar o modelo de intervenção pública do Estado Desenvolvimentista, não caminhou para o oposto, ou seja, para um modelo de políticas públicas típico de uma sociedade liberal. Se história importa, não havia condições políticas ou sociais que permitissem um abandono mais radical do papel do Estado, como ocorreu em outros países do continente americano. Optou-se (e a Constituição de 1988, apesar de submetida a muitas emendas, é um reflexo disso) por uma sociedade em que o mercado teria um papel extenso, mas subordinado à sua função social – ou seja, o livre mercado deveria ser um instrumento para a eficiência da ação do Estado e não um princípio com o mesmo *status* da liberdade de iniciativa e da valorização do trabalho humano.

O princípio geral da tradição jurídica brasileira é a não-intervenção das relações econômicas privadas. No entanto, a lei estabelece razões que justificam a ação do Estado, restringindo a liberdade de contratar de agentes econômicos. Livre concorrência sem limitação traz o seu contrário, isto é, a redução da concorrência. Ou seja, como o mercado não é auto-regulado, a dinâmica da concorrência pode trazer conseqüências perversas se o princípio da não-intervenção em assuntos privados for aplicado a qualquer situação, entre elas a redução do próprio ambiente concorrencial tutelado pela lei.

A intervenção do Estado dá-se, portanto, como exceção. As condições dessa intervenção ocorrem em uma contraposição de princípios: a limitação da livre iniciativa é necessária para garantir as condições de funcionamento da economia que garantam o objetivo maior da ordem econômica, que é a promoção do bem-estar social, e, ainda, que permita que o outro valor fundamental da ordem econômica, a valorização do trabalho humano, seja atendido.

Portanto, a promoção do interesse público permite ao Estado reduzir a liberdade de ação do empresário, mas, para fazê-lo, é necessário cautela e moderação das autoridades públicas, porque a intervenção tem sempre o risco de não alcançar os fins que a justificaram ou, ainda pior, de produzir efeitos inversos aos pretendidos.

Em poucas áreas a questão dos limites da intervenção do Estado é mais relevante do que na defesa da concorrência. A legislação antitruste foi introduzida no mundo gradualmente. As primeiras leis surgiram no Canadá em 1889 e nos EUA, com o Sherman Act de 1890. Esses casos foram excepcionais. A maioria dos países da Europa Ocidental criou uma legislação de Defesa da Concorrência no imediato pós-guerra. Na Ásia, na América Latina e nos países do Leste Europeu essa legislação é ainda mais recente, surgindo na maioria dos casos na década de 1990.

Além disso, o grau de abrangência e a forma de sua implementação variam muito em cada país. Apesar dos esforços para uma maior unificação dessas leis em decorrência de negociações internacionais e de fóruns internacionais, como a OCDE, UNCTAD etc., não há um modelo internacionalmente adotado, nem de legislação, nem de forma de sua implementação.[2]

No Brasil, uma legislação moderna de defesa da concorrência foi criada com a Lei 8.884/94. Mas é no estudo de sua implementação que se pode avaliar o modelo de defesa da concorrência brasileiro e suas limitações. Para isso é necessário discutir a jurisprudência das decisões do Conselho Administrativo de Defesa Econômica (Cade), mas também as interpretações da lei e de sua abrangência feita pelo judiciário e sua aceitação pelos poderes executivo e legislativo. Nesse aspecto, uma questão que pode ser considerada paradigmática para uma política antitruste brasileira é o papel do Sistema Brasileiro de Defesa da Concorrência (SBDC) no controle de atos de concentração e de condutas no setor financeiro e, em especial, no setor bancário.

Esta questão gerou um grande debate, a partir de uma decisão do Cade no caso FINASA, confirmada por várias decisões posteriores do órgão que professavam interpretações distintas sobre o papel do SBDC para o setor bancário das esposadas pela AGU (Advocacia Geral da União) e pelo Banco Central.[3]

[2] Para um interessante estudo sobre modelos de política antitruste, ver Borrell, 2005.

[3] Ato de Concentração n. 08012.00676/2000-09 (Requerentes: Banco Finasa de Investimentos S/A, Brasmetal Indústria S/A e Zurich Participações e Representações; Conselheira-relatora: Hebe Romano). Ver item 3, a seguir. O caso foi discutido exaustivamente no livro organizado por Campilongo et al., 2002.

Este trabalho pretende discutir a formação, ainda embrionária, de um modelo de política de defesa da concorrência para o setor bancário brasileiro. Nas páginas seguintes procura-se mostrar como os impasses entre regulação e política da concorrência para o setor foram superados, a partir da cooperação entre o Cade e o Banco Central, com a elaboração de um projeto de lei complementar, em tramitação no Congresso, que consolida o modelo de responsabilidade compartilhada entre as duas instituições para a defesa da concorrência no setor bancário.

2. Política de concorrência e regulação do setor bancário: a experiência internacional

Desde Keynes há um razoável consenso na literatura econômica de que sistemas financeiros são relevantes não apenas para prover estabilidade monetária, mas também para produzir condições necessárias para a expansão do investimento e, portanto, para o crescimento econômico. Isto ocorre porque transferências de ativos e pagamentos de transações são produtos de contratos, cujo cumprimento é freqüentemente diferido no tempo. Particularmente no caso de investimentos, entre a decisão de sua realização e o momento em que esse investimento começa a gerar receita, pode haver substancial lapso temporal.[4] O financiamento desse investimento implica a existência de recursos próprios da empresa ou sua complementação por meio de venda de ações em um mercado de capitais, e/ou alternativamente o uso de recursos de terceiros, mediante o sistema bancário.

Esses dois sistemas de financiamento, *por meio do mercado* (capital próprio e/ou mercado de capitais) e *pelo sistema bancário* (empréstimos ou venda de títulos por intermédio de bancos), são maneiras distintas de viabilizar os recursos financeiros para permitir que as empresas possam crescer a taxas superiores do que seria possível pelo mero reinvestimento de lucros.[5] Nos dois casos, o papel de instituições públicas de regulação das atividades

4 Ver, para uma discussão sobre a visão keynesiana de intermediação financeira, Davidson, 1992, pp. 47-52.

5 Historicamente, o Estado também foi importante fonte de financiamento do desenvolvimento. No entanto, trata-se, neste texto, de discutir o papel do setor financeiro privado e não do público. Ver, sobre o tema, Gerschenkron, 1962, e Zysman, 1983. Ver também Levine, 2004.

financeiras é fundamental para: (i) o desenvolvimento dessas atividades; (ii) sua confiabilidade e (iii) para a estabilidade monetária.

O custo de obter informações, fazer cumprir os contratos e realizar transações cria incentivos para o surgimento de determinados tipos de mercado, contratos financeiros e de intermediários nos distintos países. Por outro lado, diferentes sistemas legais, regulatórios e tributários têm efeitos profundos sobre os tipos de mercado e contratos financeiros, assim como no papel dos intermediários financeiros.

Bancos Centrais são instituições recentes na história. Na maioria dos países da Europa Ocidental foram criados no século XIX, mas no caso de vários países importantes, na Europa e no resto do mundo, só surgiram no século XX. Por exemplo, na Suíça, o Banco Nacional foi fundado em 1907; nos EUA a criação de um Banco Central era um assunto altamente controverso, foi necessário um acordo entre os Bancos de Reserva regionais para a aprovação do Federal Reserve Act em 1913, que instituiu o Sistema de Reserva Federal, responsável pela política monetária e pela regulação do sistema bancário desse país.[6]

Bancos Centrais são produtos da história; seu surgimento e seu papel estão estreitamente associados à história financeira dos diversos estados nacionais.[7] Por exemplo, o Banco da Inglaterra surgiu para financiar o governo e, embora o Tratado de Maastrich atualmente proíba que os débitos do governo britânico sejam comprados pelo Banco da Inglaterra no mercado primário, essa instituição ainda hoje administra operações de financiamento do governo. Uma origem completamente distinta foi a criação dos bancos do Federal Reserve nos EUA, que surgiram para prover um sistema confiável de pagamento e depósitos naquele país e têm até hoje essa questão como seu objetivo fundamental.[8] O Bundesbank foi criado pela necessidade de restaurar e manter a estabilidade monetária na Alemanha, e este papel foi mantido até a criação do Banco Central Europeu, que herdou muito de suas características.

A essência dos negócios dos bancos comerciais é o recebimento de depósitos e a concessão de créditos. Atualmente, no entanto, os bancos

6 Ver Fergunson Jr. 2005.

7 Ver o interessante estudo de Rosa Maria Lastra (1996, p. 285), onde a autora afirma que bancos centrais não são produtos naturais, mas produtos da história.

8 Ver Davis, 1997.

comerciais oferecem também um grande número de serviços financeiros, como câmbio, seguros, administração de conta corrente, cartões de crédito etc. Os bancos comerciais atuam no varejo e no atacado. No primeiro caso atendem ao público em geral, pequenas empresas, profissionais liberais e outros tipos de negócio de pequeno porte, normalmente por meio de sua rede de agências, realizando um grande número de transações de pequeno valor. No segundo caso efetuam grandes operações com empresas, transações com outros bancos (comerciais ou de investimento), Bancos Centrais e outras instituições financeiras, principalmente o mercado interbancário.[9]

Bancos são, portanto, instituições criadoras de créditos e dependem para sua operação dos depósitos do público, das empresas, do governo e de outras instituições financeiras. A razão da existência de uma extensa regulação prudencial é o chamado risco sistêmico.[10] A regulação bancária baseia-se no pressuposto de que: (i) crises bancárias generalizadas tem efeitos profundos em outros setores da economia; (ii) bancos são vulneráveis ao comportamento dos agentes econômicos em reação a riscos reais ou imaginários aos seus depósitos, ou seja, a corridas bancárias.

As regulações bancárias surgiram porque a quebra de um banco não afeta apenas seus acionistas, mas também seus clientes, ou seja, os depositantes. A falência de uma empresa comercial ou industrial afeta seus acionistas e seus fornecedores, mas os consumidores têm normalmente, em uma economia de mercado, alternativas de atendimento. Mas a falência de um banco provoca a perda de depósitos do público e das empresas que não têm qualquer vínculo com a administração dos negócios dessa companhia. Esse temor de perda de depósitos pode levar o público temeroso a retirar seus fundos dos bancos, levando à quebra de instituições financeiras com reflexos na atividade econômica, falências de empresas dependentes de empréstimos bancários e outras conseqüências como recessão, desemprego etc.

9 Ver Roberts, 1999, capítulo 3.

10 Risco sistêmico é um conceito associado à economia de externalidade. Fernando Cardim (2002, p. 260) apresenta a seguinte definição desse fenômeno: "Riscos sistêmicos são aqueles riscos sofridos pela sociedade, resultantes da atividade financeira, que, não custando nada aos participantes do mercado financeiro, não são incluídos nos cálculos de serviços financeiros".

Falências ou crises em empresas financeiras não-bancárias não afetam seus clientes de forma similar aos bancos. Tais empresas não recebem depósitos e, portanto, mantêm registros separados para os ativos dos clientes, sendo que em algumas circunstâncias não há a perda automática dos ativos de terceiros sob a guarda dessas empresas. Dessa forma, parte das justificativas tradicionais para a manutenção de um sistema regulatório não se aplicaria ao setor financeiro não-bancário. Entretanto, o setor financeiro é interligado e existe estreito vínculo entre o desempenho das várias instituições. Portanto, empresas financeiras não-bancárias podem provocar e são vulneráveis a riscos sistêmicos. Assim, embora de forma distinta dos bancos, na maioria das jurisdições também são reguladas as atividades do conjunto das empresas que atuam no setor financeiro.

No Brasil, os princípios que regem o sistema financeiro nacional estão estabelecidos no art. 192 da Constituição, o qual, com a redação que lhe foi dada pela Emenda Constitucional n. 40/2003, remete as questões regulatórias para leis complementares. Enquanto tais leis não forem editadas, subsiste a Lei n. 4.595/64, recebida pela Constituição de 1988 como lei complementar. O aparato regulatório do sistema financeiro vai além do papel dos Bancos Centrais. Nos EUA, por exemplo, a SEC (Securities and Exchange Commision) cuida dos problemas de títulos privados, enquanto o sistema do Federal Reserve cuida do setor bancário.[11] No Brasil, similarmente, a CVM (Comissão de Valores Mobiliários) cuida dos mecanismos de financiamento de mercado, em especial do papel da Bolsa de Valores, enquanto o Banco Central é responsável pela política monetária e pela regulação bancária.

Nos principais centros financeiros do mundo, desde a década de 1980, políticas de concorrência têm tido uma importância crescente para o setor bancário. Os argumentos que justificam esse papel crescente da promoção da concorrência nesse setor são os seguintes: (i) os efeitos da concorrência para a eficiência dos serviços bancários em benefício dos consumidores; (ii) por promover maior eficiência na alocação de capital para as empresas

[11] A Securities and Exchange Commision (SEC) é uma agência federal criada pelo Securities Exchange Act de 1934, formada por cinco conselheiros, indicados pelo Presidente dos EUA para um mandato de cinco anos. As normas administradas pela SEC foram desenhadas para garantir a transparência e a segurança dos investidores nas bolsas de valores e mercados de títulos privados.

e outros tomadores de recursos promovendo crescimento econômico e o dinamismo das atividades econômicas em geral.[12]

A defesa da concorrência no setor bancário não se restringe a questões antitruste tradicionais, mas na própria regulação bancária há uma preocupação crescente de aumentar o papel de formas de intervenção orientadas para o mercado.[13] As mudanças na economia mundial, ou seja, as chamadas globalização produtiva e financeira, vêm alterando o funcionamento de indústrias do setor de manufaturas, mas vêm também provocando profundas alterações no negócio financeiro em geral, mas em especial no setor bancário.

Regulações bancárias internacionais, como os Acordos de Basiléia I e II, que vêm aumentando a importância de uma gestão financeira sólida, exigindo crescente capitalização e robustez financeira dos bancos, trazem também novos desafios para a competição bancária. As crescentes exigências para o setor bancário têm gerado um processo de concentração e consolidação nessa atividade. Nos últimos quinze anos o número de bancos reduziu-se significativamente nos países da OCDE. As razões dessa consolidação incluem o relaxamento das restrições à operação bancária por áreas geográficas e a eliminação de regulações que permitiam sobrevida a bancos operando com baixo padrão de eficiência, inclusive quanto às condições de capitalização e solidez financeira.[14]

Argumentos teóricos e comparações entre países sugerem que um setor bancário menos concentrado é mais sujeito a crises financeiras do que em países com menor número de bancos.[15] Argumentos contrários, no entanto, sustentam que uma estrutura bancária mais concentrada aumenta a fragilidade dos bancos. Isto decorre da visão de que a concentração bancária, aumentando lucros desse setor, promoveria estabilidade e ignoraria o efeito do poder de mercado sobre o comportamento das firmas. Em outras palavras, a maior concentração estimularia taxas de juros mais elevadas, as quais, por sua vez, induziriam um comportamento de risco

12 Ver European Commission, 2006, p. 26.

13 Ver ICN, 2005, p. 2.

14 Ver ICN 2005, p. 22.

15 Ver sobre esse debate Allen & Gale, 2004, e Beck, Demigÿç-Kunk and Levine, 2006.

maior por parte do setor bancário, o que resultaria em maior fragilidade desses bancos em situação de crise.[16]

Não obstante o debate teórico, o papel das agências antitruste na promoção da concorrência no setor bancário tem sido crescente e as isenções antitruste e/ou tratamento diferenciado dos bancos têm sido removidos nos países que a mantinham. Por exemplo, enquanto na União Européia, em 1992, vários países, inclusive todos os países nórdicos, mantinham pouca supervisão antitruste sobre as fusões bancárias, sendo as exceções apenas Alemanha e Bélgica, que outorgavam autoridade integral para aprovação de fusões às autoridades antitruste, em 2004 o cenário estava completamente invertido, sendo que a imensa maioria dos países dessa região outorgou integral autoridade para as agências de defesa da concorrência para a aprovação de concentração no setor bancário.[17]

Em outras regiões o papel das autoridades de defesa da concorrência também tem sido crescente. Nos EUA, a responsabilidade de autorização de fusão bancária é compartilhada pelo Departamento de Justiça, como autoridade antitruste, e o Federal Reserve, que aprova aspectos prudenciais da fusão. No Canadá, o Competition Bureau é o órgão responsável de análise de fusões bancárias em conjunto com o Ministério da Fazenda, que também deve aprovar a fusão. O Ministro da Fazenda tem, no entanto, a autoridade, segundo a Lei de Defesa da Concorrência do Canadá (Competition Act), de determinar que uma transação bancária é desejável no interesse do sistema financeiro. Na Coréia do Sul, a Lei de Defesa da Concorrência aplica-se integralmente para os bancos. As fusões de instituições financeiras devem ser comunicadas ao FSC (Financial Supervisory Commission), a autoridade de supervisão bancária, que avalia a operação nos termos da Lei de Melhoramento Estrutural da Indústria Financeira (Structural Improvement of Financial Industries), devendo consultar previamente o KFTC (Korea Fair Trade Commision) com referência a aspectos anticompetitivos associados à operação. Se, após a aprovação da operação pela FSC, a KFTC não se sentir satisfeita, pode iniciar uma revisão independente da operação. No México, a Lei Federal de Competição Econômica aplica-se a fusões bancárias, e operações que se enquadram nas

16 Ver Boyd & De Nicolo, 2005.

17 Ver European Commission, 2006, p. 28.

condições legais de subsunção devem ser notificadas à Comissão Federal de Concorrência. Tanto a autoridade de defesa da concorrência mexicana como o Ministério da Fazenda e Crédito Público podem bloquear, a partir de seus próprios critérios, uma fusão bancária.

Estudo da OCDE sobre fusões no setor financeiro mostrou que, em praticamente todos os países membros, as fusões bancárias são analisadas simultaneamente pelos reguladores prudenciais e pelas agências de defesa da concorrência.[18] Tal sistema supõe mecanismos de cooperação entre essas instituições para permitir a transparência e previsibilidade da análise das operações. A autorização de uma operação pelos órgãos de defesa da concorrência não conflita, em princípio, com uma decisão dos reguladores prudenciais de bloquear a operação, pois tal decisão não tem o condão de afetar negativamente a concorrência. Por outro lado, pode haver situações em que uma restrição da autoridade antitruste colide com a decisão de autorizar, ou mesmo determinar, uma fusão pela autoridade responsável pela supervisão bancária, por razões de segurança do setor financeiro. Neste caso, em várias jurisdições, a decisão do regulador prudencial sobrepõe-se à da autoridade concorrencial.[19]

A experiência internacional mostra, portanto, o papel crescente de uma legislação de defesa da concorrência para o setor financeiro em geral, e para o setor bancário em particular. Nesse sentido, relatório do ICN (International Competition Network), do qual o Brasil é membro ativo, propôs na reunião de Bonn (junho de 2005) um conjunto de recomenda-

[18] Ver OECD, 2000.

[19] Em quatro jurisdições importantes há características especiais aplicáveis à revisão de fusões no setor bancário. No Canadá o Ministro da Fazenda tem a opção de remover a restrição do Tribunal de Competição no "melhor interesse do sistema financeiro do Canadá". Na França os bancos são isentos da aplicação integral da lei de defesa da concorrência e da submissão formal das operações às autoridades de defesa da concorrência. Na Itália o Banco da Itália deve aplicar a lei de defesa da concorrência às fusões bancárias. Nesse caso deve considerar, mas não necessariamente seguir a opinião da agência de defesa da concorrência italiana. Na Suíça a lei de defesa da concorrência é integralmente aplicada ao setor bancário, exceto quando a Comissão Federal de Bancos do país decide atuar para proteger os credores (inclusive depositantes) em caso de ameaça de falência bancária. Ver OCDE, 2000, p. 35.

ções para a aplicação efetiva de políticas de defesa da concorrência ao setor bancário.[20] As principais recomendações são as seguintes:

As jurisdições devem:

(i) promover um ambiente aberto e competitivo para o setor bancário, sem restrições injustificadas para entrada, propriedade ou saída, como resultados das regras aplicadas ou das práticas de sua implementação;

(ii) garantir que haja uma separação adequada entre a implementação de regulação prudencial e regras gerais de competição.

As Agências de Defesa da Concorrência devem:

(i) construir relações de trabalho com as agências reguladoras e coordenar os esforços em assuntos relativos à análise das operações, sejam quais forem as formas institucionais;

(ii) aplicar na análise das operações os instrumentos de análise antitruste, inclusive definição de mercado relevante, poder de mercado/dominação e remédios.

O debate internacional indica a necessidade de realizar ajustes institucionais para melhorar as condições de implementação da defesa da concorrência no setor bancário no Brasil. Como no resto do mundo, essas questões levaram a um extenso debate entre as autoridades brasileiras de defesa da concorrência e outros setores da administração pública, que será discutido na próxima seção.

3. Política de concorrência e setor bancário no Brasil: o debate sobre regulação e concorrência

O debate sobre os limites da regulação e da análise concorrencial no sistema financeiro foi acirrado com o chamado caso Finasa, o primeiro ato de concentração apreciado pelo Cade depois da publicação de um parecer da Advocacia Geral da União (AGU),[21] aprovado pelo Presidente da República, no qual se definiu que o Banco Central do Brasil tem com-

[20] Ver ICN, 2005.

[21] Parecer AGU/LA - 01/2001, que teve por assunto o conflito positivo de competência entre o Banco Central e o Cade.

petência exclusiva para tratar da matéria. O Cade, em vários precedentes, já havia afirmado sua competência para apreciar atos de concentração no sistema financeiro[22] e manteve esse entendimento no caso Finasa. A novidade, então, foi o aludido parecer, cuja aprovação presidencial tornou-o vinculante para toda a Administração Federal.

O Cade afastou a força vinculante do parecer da AGU mediante interpretação conforme a Constituição do art. 40, § 1.º, da Lei Complementar n. 73/93, segundo a qual a coercividade do parecer com aprovação presidencial incidiria apenas sobre as atividades-fim do Cade, dada sua natureza especialíssima, mas não quanto às suas atividades-meio, que devem seguir a padronização de entendimento aplicável a toda a Administração Federal.[23]

Além disso, em suporte ao entendimento de que a competência do Banco Central não poderia ser exclusiva, sustentou-se nos votos então proferidos que não há isenção ou imunidade para as instituições financeiras na Lei n. 8.884/94. Não há, tampouco, conflito entre o disposto nessa lei e na Lei n. 4.595/64, já que não existe superioridade hierárquica entre lei complementar e lei ordinária e as competências previstas na lei bancária e na lei da concorrência não são excludentes, mas concorrentes. Nem se pode dizer que a lei bancária seja específica em relação à lei antitruste, posto que esta é especial no que tange à adjudicação concorrencial das concentrações no sistema financeiro, como em qualquer outro setor da economia. Por fim, demonstrou-se que a Lei n. 9.447/97, que permite ao Banco Central

[22] Ver Ato de Concentração n. 87/96 (Requerentes: Banco Francês e Brasileiro S/A e Américas Finance Company Limited; Conselheiro-relator: João Bosco Leopoldino da Fonseca); Ato de Concentração n. 08012.005424/99-00 (Requerentes: DaimlerChrysler Administradora de Consórcios S/C Ltda., Starexport Trading S/A e CIM-Comercial e Importadora Ltda.; Conselheiro-relator: João Bosco Leopoldino da Fonseca); Ato de Concentração n. 08012.000765/00-41 (Requerentes: Banco Credibanco S/A, Credibanco S/A DTVM, Marcep S/A Consultoria, Estudos e Planejamento, Creditrading Fomento Comercial Ltda., Marcep Overseas Trust Limited, Marcep International Trade Finance Limited e BNY International Financing Corporation; Conselheiro-relator: Thompson Andrade) e Ato de Concentração n. 08012.007435/00-02 (Requerentes: Banco Santander Central Hispano S/A e Patagon.com International Inc.; Conselheira-relatora: Hebe Romano).

[23] Ver, em especial, o voto proferido pelo Conselheiro Roberto Pfeiffer.

determinar a concentração de instituições financeiras, tem caráter excepcional, destinando-se a proteger a higidez do sistema, não se prestando a justificar uma suposta competência do Banco Central na matéria.

Para além das questões formais, procurou-se, na decisão colegiada, diferenciar as funções da autoridade de supervisão bancária e da autoridade da concorrência, de modo a reconhecer a primazia da primeira na determinação do que seja "risco sistêmico", sem, contudo, admitir que tal risco possa ser invocado para criar isenção antitruste. Essa posição foi expressa claramente no voto do Conselheiro Celso Campilongo:

> "Definido como o risco de que um evento (um choque) deflagre uma perda de valor econômico ou de confiança numa porção substancial do sistema financeiro, grande o suficiente para produzir efeitos adversos na economia real, o risco sistêmico tem sido banalizado no debate público brasileiro. É inegável que a traumática reestruturação bancária, particularmente após a implantação do Plano Real, exigiu uma atuação forte do Banco Central, com vistas à preservação dos sistemas bancário e de pagamentos. Entretanto, superado o período crítico, não se justifica a utilização gratuita do risco sistêmico como argumento *ad terrorem* que explique a isenção antitruste no Brasil. Da mesma forma que é irresponsável desprezar o risco sistêmico, não é prudente exagerá-lo. Nem toda situação que envolva um regime especial de instituição financeira, ou sua reestruturação compulsória, implicará, necessariamente, risco sistêmico. O surgimento desse tipo de risco depende do tamanho da instituição e do grau de interdependência do sistema. De qualquer modo, de acordo com o entendimento já explicitado, é o Banco Central que atuará, de forma exclusiva, em tais situações excepcionais, com ou sem risco sistêmico. Assim, não se exclui que, em situações verdadeiramente excepcionais, o valor da concorrência possa ser sacrificado. Mas esse sacrifício deve ser pontual, limitado temporalmente e, entre as soluções propostas, a escolha deve recair sobre aquela que resultar menos gravosa sob o perfil da tutela concorrencial. Novamente, nem conflito de competências nem, muito menos, colisão de valores".

De outra parte, o voto-vista do Conselheiro Ronaldo Porto Macedo Jr. adota uma posição mais conciliadora:

> "O modelo de isenção antitruste geral vai de encontro às mais bem sucedidas experiências estrangeiras. Não é outra a conclusão a que

chegam diversos relatórios da OCDE. Embora os arranjos institucionais sejam distintos, o princípio recomendado é o mesmo: deve haver um duplo teste para os atos de concentração de instituições financeiras."

Para que ocorresse o duplo teste e para que cessasse o conflito positivo de competência entre as duas autarquias, preconizou-se, no referido voto:

> "Que o órgão regulador e o órgão responsável pela aplicação da lei antitruste se engajassem cada vez mais num amplo entendimento sobre os procedimentos mais adequados, principalmente quanto aos aspectos da *celeridade* e da manutenção do *sigilo*, para o exercício harmônico de suas competências complementares. Para tanto, seria de todo conveniente a elaboração de convênio, com regras explícitas que firmassem o necessário compromisso do Cade com a apreciação em regime especial de urgência de atos de concentração relativos ao setor bancário, a exemplo do que já ocorre nos EUA."

Do caso Finasa resultou, num esforço conjunto do Banco Central e do Cade,[24] o Projeto de Lei Complementar n. 344/2002, em tramitação na Câmara dos Deputados, por meio do qual se pretende alterar o art. 10 da Lei n. 4.595/64, a fim de restringir a competência do Banco Central à decisão dos atos de concentração entre instituições financeiras que "afetem a higidez do sistema financeiro",[25] bem como estabelecer claramente a competência do Cade para punir condutas lesivas à concorrência praticadas por instituições financeiras.

Contudo, a ausência de convênio de cooperação técnica entre as autarquias – celebrado em 1997, reiterado em 1999, mas não renovado em 2001 –, bem assim algumas decisões posteriores do Cade, questionadas em

[24] Ver a exposição de motivos assinada em conjunto pelos Ministros da Fazenda e da Justiça: "A estrutura legal atual não nos parece a que mais convém aos interesses da sociedade brasileira, sendo de todo recomendável a aplicação dos instrumentos e dos princípios contidos na Lei n. 8.884, de 11 de junho de 1994 (Lei Antitruste), às instituições financeiras, ressalvadas as situações que possam afetar a higidez do sistema financeiro nacional".

[25] Emenda do relator, Deputado Sigmaringa Seixas, pretende alterar a expressão "higidez" por "confiabilidade e segurança".

juízo,[26] deixaram entrever a continuidade do impasse institucional, que se estendeu até a decisão da autoridade antitruste no caso Mellon Bank,[27] na qual, embora mantido o entendimento anterior, afastou-se a aplicabilidade de multas por intempestividade na apresentação de atos de concentração. Na decisão colegiada, frisou-se que o § 1.º do art. 40 da Lei Complementar n. 73/93 vincula toda a Administração Federal, direta ou indireta, até que seja declarada judicialmente sua inconstitucionalidade, ainda que parcial.

Neste caso, o Cade adotou uma postura conciliatória, que procurava enfatizar a importância da competência compartilhada entre o Cade e o Banco Central, em questões antitruste, como se vê no voto do relator:[28]

> "No Brasil, mais que em outros países, a criação de um ambiente concorrencial tem sido um processo recente, sendo que a Constituição de 1988 considerou que esse é um dos princípios basilares da ordem econômica. Por outro lado, uma vez que o Brasil entendeu não mais recorrer, a não ser em casos muito particulares, a controle de preços, o único instrumento de proteção ao consumidor quanto a abusos de poder de mercado é a legislação de Defesa da Concorrência.

26 Ver Mandado de Segurança n. 2002.34.00.014981-0/DF, impetrado por Banco Brascan S/A e outros perante a 3.ª Vara da Justiça Federal do Distrito Federal. A sentença, pendente de julgamento de apelação, concedeu parcialmente a segurança para determinar que o Presidente do Cade se abstenha de impor multa por intempestividade na apresentação do AC n. 08012.006482/2000-92. Já no Mandado de Segurança n. 2002.34.00.033475-0, impetrado por Banco BCN e outro, perante a 14.ª Vara Federal do Distrito Federal, foi afastada a competência do Cade para determinar a submissão do ato de compra do BCN pelo Bradesco. O Tribunal Regional Federal da 1.ª Região, contudo, deu provimento à apelação interposta pelo CADE. Veja-se a ementa do acórdão publicado no *DJ* de 05.10.2007: "Constitucional e administrativo. Competência para apreciar atos de concentração de instituições financeiras. Atribuições jurídicas conferidas ao Bacen e ao Cade, respectivamente, pelas Leis 4.595/64 e 8.884/94, que hão de ser exercidas com fundamento no princípio da complementaridade. Inexistência de força vinculante no parecer da AGU, que submeta o Cade a lhe dar fiel observância no que concerne, especificamente, ao conteúdo de seus julgamentos e à sua competência prevista na Lei Antitruste".

27 Ver Ato de Concentração n. 08012.005581/2002-19 (Requerentes: Mellon Bank N.A. e ABN AMRO Bank N. V.; Conselheiro-relator: Luiz Carlos Delorme Prado), julgado em outubro de 2004.

28 Ver nota anterior.

"A Lei 4.595/64 nunca teve qualquer preocupação com questões de defesa da concorrência. Essa não era uma questão considerada relevante à época. Ao contrário, particularmente no período 1967-1973 as autoridades promoveram a concentração bancária como um aspecto central da política econômica." (...)

"O setor financeiro no Brasil é caracterizado por elevados *spreads* e, ainda, por altas taxas bancárias. O Bacen tem procurado encontrar formas de reduzir o spread dos bancos, estudando suas causas, e promovendo o aumento da concorrência. As autoridades monetárias têm também grande preocupação quanto aos preços dos serviços bancários. A promoção do ambiente concorrencial é uma atividade em que o Bacen e o Cade podem e devem cooperar, pois ambos têm responsabilidade na promoção de um ambiente competitivo. A promoção da competição é para o Bacen necessária ao bom funcionamento do sistema financeiro, e para o Cade necessária para defesa do direito do consumidor de pagar um preço justo pelos produtos que consome. A cooperação desses órgãos aumenta a eficiência de cada um deles na consecução de seus objetivos. (...)

(...)

"No entanto, em qualquer circunstância em que fosse argüido risco sistêmico, é papel do Bacen atuar no sentido de fazer as intervenções necessárias, que não poderão ser apreciadas pelo Cade, para resguardar a confiabilidade do Sistema. Esse é um dever do Bacen em defesa do interesse da estabilidade econômica do Brasil, não podendo ser, portanto, entendido como um direito do setor financeiro de evadir-se da responsabilidade de todos os outros setores da economia, inclusive os regulados, de submeter-se aos princípios da livre concorrência.

"Concentração Bancária é uma área de competência concorrente do Banco Central e do Cade. Esta instituição pode entender que uma fusão não tem efeitos anticoncorrenciais e o Banco Central entender que não é conveniente para o bom funcionamento do setor financeiro tal operação. Portanto, a autorização do Cade é condição necessária, mas não suficiente, para uma fusão bancária. Por outro lado, o Banco Central pode determinar, nos termos da lei, uma fusão ou incorporação, para resguardar o funcionamento do sistema financeiro, sendo que nesse caso, prevalece a decisão do Banco Central."

Veja-se, ainda, o voto-vista do Conselheiro Ricardo Cueva:

"[O parecer da AGU, que vincula a Administração Federal, nos termos do § 1.º do art. 40 da Lei complementar n. 73/93] explica porque a decisão do Cade no caso Finasa não gerou os efeitos pretendidos. A imensa maioria dos atos de concentração entre instituições financeiras não foi e continua a não ser submetida à apreciação do Cade, nesses três anos que nos separam da decisão. Nos poucos atos apresentados, houve, em um deles, aplicação de multa por intempestividade, revista pelo Judiciário. Outro aspecto relevante ao examinar-se a efetividade da decisão do Cade diz respeito ao funcionamento do Sistema Brasileiro de Defesa da Concorrência. A Lei n. 8.884/94 moldou o sistema como todo orgânico. Cada órgão tem função própria, mas interdependente do pleno exercício das atribuições dos outros. Como se sabe, no entanto, a SEAE e a SDE têm se declarado impedidas para se manifestarem nos atos de concentração apresentados por instituições financeiras, por força do parecer da Advocacia Geral da União, que, aprovado, pelo Presidente da República, inquestionavelmente as vincula. Com isso, a análise de tais atos de concentração, no Cade, tem sido consideravelmente empobrecida, senão impossibilitada. Nesse quadro de incerteza jurídica e de falta de efetividade do entendimento fixado pelo Cade, não há como imputar às partes desses atos de concentração qualquer penalidade por apresentação intempestiva. O atraso em submeter o ato ao Cade deve ser considerado, nessas circunstâncias, erro escusável, excludente da punibilidade no que tange aos atos de concentração."

Em decorrência do caso Mellon Bank, foi celebrado, em agosto de 2005, novo convênio de cooperação técnica entre as autarquias, que passaram a promover reuniões periódicas para o estudo das medidas necessárias à implementação do sistema dual de competências previsto no Projeto de Lei Complementar.[29]

[29] Consoante a cláusula primeira, o convênio tem por objeto "a cooperação técnica entre o Cade e o Bacen, mediante troca de informações, realização de

4. A superação do impasse: uma política de concorrência para o setor bancário

Superado o impasse institucional entre o Banco Central e o Cade, por meio da elaboração do projeto de lei complementar e do restabelecimento do convênio entre as autarquias, é preciso definir os contornos da política de concorrência para o setor financeiro.

Na esfera regulatória, a autoridade de supervisão bancária vem tomando medidas para aumentar a concorrência no setor. Um importante passo para mitigar os efeitos anticompetitivos da assimetria informacional que caracteriza o setor financeiro foi a edição, pelo Conselho Monetário Nacional, da Resolução n. 3.401, de 6 de setembro de 2006, a qual, em seu art. 3.º, determina que as instituições financeiras e as demais instituições autorizadas a funcionar pelo Banco Central do Brasil forneçam a terceiros, quando formalmente autorizados por seus clientes, as informações cadastrais a eles relativas, as quais compreendem: a) os dados do cliente; b) o saldo médio mensal mantido em conta corrente; c) o histórico das operações de empréstimo, de financiamento e de arrendamento mercantil, contendo a data da contratação, o valor transacionado e as datas de vencimentos e dos respectivos pagamentos; d) o saldo médio mensal das aplicações financeiras e das demais modalidades de investimento mantidas na instituição ou por ela administradas. Com a medida, abre-se o caminho para a portabilidade das informações cadastrais e para a criação de um cadastro positivo de informações bancárias, este dependendo ainda de disciplina jurídica cuidadosa, que leve em conta os princípios e regras de direito que balizam a criação de bancos de dados.

Recentemente, a literatura sobre concorrência bancária tem chamado a atenção para o efeito *lock-in* nos mercados de crédito, decorrente dos altos custos de transferência enfrentados pelos consumidores de serviços bancários. Tais custos podem explicar parcialmente os elevados *spreads*

estudos setoriais, seminários, publicação de textos, disponibilização de acervos de estudo e de conhecimento técnico do seu pessoal especializado", ficando "automaticamente estendido ao Cade o dever de sigilo garantido pelo Bacen às informações não cobertas pela Lei Complementar 105, de 10 de janeiro de 2001". Para o texto integral do convênio, cf. o sítio do Banco Central: http://www.bcb.gov.br/htms/inffina/convenioBacenCade.pdf.

cobrados pelos bancos, por exemplo no mercado de cheque especial, em que a impossibilidade de o cliente mudar de banco acaba por sujeitá-lo ao poder de mercado da instituição. Daniel Goldberg acentua que os altos custos de transferência "estão relacionados, sobretudo, a assimetrias informacionais: eventuais competidores do banco que presta o serviço não têm informações cadastrais suficientes sobre o consumidor, e tampouco este pode portar seu cadastro quando muda de banco. Uma política de portabilidade para o mercado de crédito faz-se, pois, necessária".[30]

Parte fundamental de uma política da concorrência que estimule a criação de cadastros positivos para os mercados de crédito é a definição de regra que dê concretude aos princípios constitucionais aplicáveis aos bancos de dados. Nesse sentido, uma iniciativa importante para a política de concorrência bancária foi o envio à Câmara dos Deputados, pelo Poder Executivo, do Projeto de Lei n. 5.870/2005, que visa disciplinar os bancos de dados de proteção ao crédito e relações comerciais, bem como sua relação com os cadastrados, fontes de informações e consulentes, e ora tramita em conjunto com o Projeto de Lei n. 836/2003.

Outra iniciativa importante para aprofundar a análise concorrencial do setor financeiro no Brasil foi o estudo promovido pela Secretaria de Direito Econômico, pelo Instituto de Pesquisa Econômica Aplicada e pela Associação Nacional de Centros de Pós-Graduação em Economia, no qual se procurou fundamentalmente delimitar o âmbito da análise dos atos de concentração e da apuração de condutas ilícitas no setor financeiro.[31]

O estudo parte do suposto de que, para determinar o grau de competitividade do setor financeiro, é preciso levar em conta a grande assimetria informacional existente entre os tomadores e os credores de empréstimos. Para reduzir essa assimetria, os intermediadores financeiros procuram valer-se de tecnologia para obter informação privada que lhes permita alocar os recursos da maneira mais eficiente possível. Do ponto de vista concorrencial, portanto, o modo como essa assimetria informacional é reduzida é importante, já que pode afetar a análise do poder de mercado das instituições financeiras, notadamente aquelas que concedem crédito a

30 Cf. Goldberg, 2004, p. 50.

31 O estudo é de autoria de João Manuel Pinho de Mello, 2005.

entes considerados informacionalmente opacos, como pequenas empresas e pessoas físicas.

Ao proceder a cuidadosa revisão da literatura sobre concorrência bancária, o autor afirma ser impossível transpor a experiência norte-americana à análise do setor bancário brasileiro sem ressalvas. Em primeiro lugar, as restrições regulatórias são muito diferentes. Historicamente, os EUA têm limitado tanto o escopo geográfico como o número de agências dos bancos. Assim, mesmo após o abrandamento das restrições, ocorrido nos últimos vinte anos, a maioria dos bancos estadunidenses é local ou regional, e seu tamanho médio é significativamente menor que a média brasileira. Tais diferenças refletem-se tanto no juízo prudencial tendente a assegurar a estabilidade do sistema como na análise antitruste, a qual, no caso brasileiro, em virtude da maior concentração, deverá ser mais criteriosa. Outra importante diferença é a segregação das atividades que um banco pode exercer. Enquanto nos EUA as atividades de varejo, atacado e seguros permanecem ainda largamente separadas, no Brasil a regulação admite o "universal banking", de modo que os bancos podem oferecer a seus clientes ampla gama de produtos.

Para definir o mercado relevante na dimensão produto, a doutrina americana tem se valido, desde o caso US *versus* Philadelphia National Bank, da noção de *clustering*, a qual se funda na existência de economias de escopo do lado da demanda, decorrentes de problemas tecnológicos e informacionais. Por um lado, os clientes incorrerão em custos de procura, de transação e de transferência (*switching costs*) se quiserem dispersar sua demanda por serviços bancários. Por outro, a informação obtida pelos bancos em seu relacionamento com os clientes, essencial para a concessão de crédito, não é transferida para outros bancos, constituindo-se numa barreira à dispersão da demanda.

Pinho de Mello (2005) acentua que a relevância do *clustering* para a análise antitruste é questionada em estudos teóricos e empíricos. Do ponto de vista tecnológico, aponta-se que os custos de procura e de mudança variam em função da tecnologia de provisão de serviços bancários disponível. A Internet, por exemplo, seria um fator decisivo para reduzir tais custos e disseminar a demanda por produtos financeiros em diversas instituições bancárias. Do ângulo informacional, os custos de transferência tendem a decrescer em razão da quantidade de informação pública sobre os clientes, seja por meio de avaliações de risco por sistemas de *credit scoring*, seja por meio do compartilhamento de informação entre os bancos. A criação de uma central de risco, por exemplo, pode alterar significativamente os custos de transferência.

Na segunda parte do estudo, Pinho de Mello enfatiza que é preciso especial cuidado na análise de condutas anticompetitivas no setor bancário, pois um aumento de preços nem sempre indica que os bancos estejam agindo em conluio, ainda que tácito.

O primeiro problema enfrentado é o dos custos de transferência *(switching costs)*. Num mercado hipotético com dois bancos, cada qual com uma base estabelecida de clientes, os bancos terão incentivos para se comportar como monopolistas em relação aos seus clientes, pois, para atrair os clientes do concorrente, deveriam baixar seus preços a ponto de convencê-los a incorrer nos custos de mudança. Se os bancos não puderem discriminar preços entre velhos e novos clientes, preferirão praticar preço de monopólio a competir. Mas como distinguir, na prática, entre uma situação em que há conluio tácito e outra em que a competição é refreada pelos custos de mudança? Em termos estáticos, os dois regimes de competição resultam em aumentos de preços similares. Em termos dinâmicos, contudo, há diferenças entre os dois regimes.

Alguns indícios para distinguir os dois regimes são: a) promoções de recrutamento, que podem indicar competição na dimensão preço, como, por exemplo, nas contas universitárias, no Brasil, ou nos cartões de crédito com taxas de juros temporariamente baixas, nos EUA; b) campanhas publicitárias; e c) mercados em expansão ou mercados com novos consumidores, situação em que é mais difícil sustentar equilíbrio competitivo com preços altos.

Outro modo de distinguir os dois regimes de competição é a análise da lucratividade dos bancos. Sob conluio tácito, os bancos deveriam auferir lucros extraordinários. Num regime de competição com custos de mudança, os bancos, num primeiro momento, tendem a consumir o lucro na competição por clientes. Este tipo de indício seria trivial, pois basta comparar a lucratividade dos bancos com o retorno médio da economia. Quanto maior a diferença, maior a possibilidade de conluio. No entanto, os dados contábeis apresentados pelos bancos nem sempre são confiáveis, sobretudo por razões tributárias.[32]

[32] Ver Pinho de Mello, p. 71-75. O autor não discute se a elevada taxa de lucro média dos bancos brasileiros seria uma indicação de algum tipo de conluio. Uma

O segundo problema examinado é da seleção adversa, cujo receio diminui os incentivos à competição no mercado de crédito, especialmente nas operações com poucas garantias. Ao competir agressivamente, os bancos não apenas recrutam maus clientes como acabam por induzi-los a tomar mais emprestado do que os bons clientes. Para que isso ocorra, duas condições são necessárias. A primeira é que os custos de mudança sejam relevantes para todos os tomadores de crédito. A segunda é que os maus tomadores tenham maior elasticidade preço-demanda por crédito.

Numa hipótese relacionada ao cheque especial, modalidade muito cara de empréstimo, os bons tomadores fazem uso dele por conveniência, tomando quantias relativamente pequenas por pouco tempo, enquanto os maus tomadores usam-no para aumentar o consumo no médio prazo.

Em razão da diferença na origem da demanda, os maus tomadores beneficiam-se mais com uma pesquisa das melhores condições de empréstimo e têm mais incentivos a responder a uma diminuição na taxa de juros com um aumento no endividamento. Assim, é possível sustentar um equilíbrio com preço acima do custo marginal mesmo em regimes de grande competição.

Para a autoridade da concorrência, a relevância do problema da seleção adversa está em permitir, em situações em que o preço é muito alto, como o cheque especial, distinguir corretamente as situações de conluio daquelas em que há seleção adversa. Se esta for a causa da falta de competição, o problema reside na estrutura de informação do mercado de crédito e deixa de ser um problema concorrencial.[33]

explicação alternativa para tais taxas seria a opção dos bancos de obter retornos elevados nas suas operações de tesouraria, em especial na aplicação de títulos públicos. Nesse caso, a expansão do crédito para o setor privado e a redução relativa da importância de títulos públicos nas aplicações bancárias, poderia aumentar a concorrência entre essas organizações, contribuindo para a redução do *spread*.

33 Outra implicação da teoria da seleção adversa é a falta de interesse dos bancos em competir na dimensão preço em certos produtos, como, por exemplo, cheque especial ou empréstimos para capital de giro. Nos EUA, foi empiricamente constatado que as taxas de juros praticadas nos empréstimos relacionados a cartões de crédito resistiam significativamente à queda na taxa de juros básica. Constatou-se também que a lucratividade das administradoras de cartão de crédito foi consistentemente alta durante os anos 80, resultado incompatível

De outra parte, no setor financeiro, a grande diferenciação de produtos e a grande variação do risco de inadimplência entre os clientes comprometem a sustentabilidade de um conluio tácito, pois tornam difícil separar choques de demanda de comportamentos desviantes. Assim, duas práticas são tidas como indício de conluio tácito: a) uniformização de produtos, associada a preços altos e b) uso dos mesmos critérios de identificação de risco, sobretudo se sua adoção conjunta ocorreu em certo período, após o qual houve aumento na taxa de juros.[34]

Pinho de Mello conclui que nem sempre altos *spreads* bancários indicam problemas concorrenciais. Altos custos de transferência e grande assimetria informacional podem dificultar a análise antitruste, impondo grande cautela das autoridades. Embora possam indicar à primeira vista comportamento anticompetitivo, podem também encobrir situações em que há concorrência e que exigem medidas de outras áreas que não a antitruste. Indício de conluio tácito pode advir da relutância em compartilhar informação, especialmente se o mercado for maduro e não houver grande número de clientes a serem conquistados. Para que isso ocorra, é necessária pelo menos uma de duas condições: a) pouco movimento migratório entre mercados bancários e b) pouco crescimento do mercado de crédito pelo lado da demanda.[35]

A iniciativa da SDE de contratar o estudo de Pinho de Mello contribuiu para abrir a discussão acerca da natureza da análise concorrecial do setor bancário que deve ser efetuada pelo Cade. Há, no entanto, um longo caminho a ser percorrido. Por exemplo, outras práticas anticompetitivas, como vendas casadas, contratos de exclusividade e práticas predatórias, que não foram objeto do estudo, mereceriam análise cuidadosa.

com um regime de competição com custos de mudança. No entanto, a estrutura fragmentada do setor, com mais de quarenta mil competidores, levou à interpretação de que a causa dos elevados juros estaria na seleção adversa. Ver Pinho de Mello, 2005, p. 82.

34 Pinho de Mello, 2005, p. 86. O Relatório de Economia Bancária e Crédito do Banco Central calcula que o custo da inadimplência representou 31,04% do *spread* dos bancos em 2005, e mesmo levando-se em conta esse dado, o *spread* bancário brasileiro ainda é alto em comparação com o praticado em outros países. Ver Banco Central, 2005.

35 Pinho de Mello, 2005, p. 89.

Outro estudo recente de grande interesse para a análise da concorrência bancária no Brasil foi realizado por Nakane & Alencar, 2005.[36] Os autores apontam que no Brasil, como em outros países, também ocorreu um processo de consolidação bancária, que foi particularmente importante na segunda metade da década de 1990, tendo diminuído o ritmo nos últimos anos. Essa tendência à maior concentração, acompanhada pela elevação da lucratividade, provocou a discussão do poder de mercado atual dos bancos.

Nakane & Alencar não vêem uma relação automática entre o grau de concentração, medido pelo índice de Herfindahl-Hirschmann (HHI), e a lucratividade dos bancos. Para eles o poder de mercado não aumenta, necessariamente, com a concentração do setor. Enfatizam que o grau de competição do setor bancário brasileiro não é, ainda, uma questão inteiramente resolvida. Mas consideram já haver informações suficientes para afirmar que a estrutura de mercado bancária é imperfeita, mas os testes realizados rejeitam a hipótese de que esses operam sob a forma de cartel.[37]

Esse estudo considera que o mercado relevante geográfico para o setor bancário é municipal e desenvolve dois modelos de comportamento da firma bancária: o primeiro, de acordo com uma concorrência Bertrand-Nash, e o segundo, com comportamento cartelizado. É feito um teste de poder de mercado, confrontando as margens preço-custo empiricamente observadas com as preditas pelos modelos de Bertrand e cartel. O modelo de Bertrand delimitaria o limite inferior para a margem preço-custo, e na solução de cartel a margem preço-custo seria a mais elevada possível.

Os resultados alcançados pelos autores mostraram que o modelo Bertrand descreveria bem o comportamento dos preços de serviços bancários, enquanto superestimaria o poder de mercado observado na fixação dos preços (taxas de juros) dos depósitos a prazo e empréstimos. Como há uma tendência internacional para aumentar a importância dos serviços bancários na remuneração dos bancos, tal estudo contribuiria para o entendimento da formação de preço desses serviços.[38]

[36] Os autores são do Departamento de Estudos e Pesquisas do Banco Central, e o trabalho foi publicado no Relatório de Economia Bancária e Crédito 2005.

[37] Ver Nakane & Alencar, 2005, p. 104.

[38] Ver Nakane & Alencar, 2005, p. 105.

O conjunto de estudos aqui referidos, uma pequena amostra dos trabalhos existentes, indica a necessidade do aprofundamento do debate dos problemas concorrenciais no setor bancário.[39] A harmonização das competências do Cade e do Banco Central conduz necessariamente a uma discussão detalhada dos problemas práticos a serem enfrentados na análise dos atos de concentração nesse setor e, mais ainda, nas prioridades e cautelas para investigar, analisar e julgar casos de conduta no setor. Para isso, será necessário no futuro próximo um esforço conjunto do Cade e do Banco Central para minudenciar as questões práticas de sua cooperação, o que pode levar a uma adaptação do guia de análise de atos de concentração horizontais para o setor bancário, ou mesmo à criação de um guia de análise conjunto de atos de concentração. Será importante, além disso, discutir a natureza e o alcance das investigações em questões de conduta no setor bancário.

5. Conclusão

O impasse institucional entre a autoridade de supervisão bancária e a autoridade da concorrência encontra-se hoje superado no Brasil. O caso Finasa foi determinante para que o debate sobre as competências formais e as funções efetivas dessas autoridades demonstrasse a necessidade de cooperação entre elas e resultou no encaminhamento ao Congresso do Projeto de Lei Complementar que prevê, por um lado, a competência do Banco Central para a análise dos atos de concentração que afetem a confiabilidade e segurança do sistema financeiro e, de outro, define a competência do Cade para a análise dos demais atos, bem como para a apuração das condutas anticompetitivas. O caso Mellon Bank, a seu turno, permitiu encerrar, na prática, o conflito de competências e abriu caminho para a celebração de novo convênio de cooperação técnica entre as autarquias, que passaram a promover reuniões periódicas para o estudo das medidas necessárias à implementação do quanto contido no Projeto de Lei Complementar, quando aprovado.

[39] Para uma abordagem alternativa sobre concorrência no setor bancário no Brasil à apresentada pelos trabalhos analisados neste texto, ver o livro organizado por Paula e Oreiro, 2007. Ver, em especial, o interessante trabalho de Cardim, 2007. No entanto, essa publicação chegou ao nosso conhecimento depois de finalizado este artigo.

Do lado regulatório, o Banco Central, cujo departamento econômico tem produzido estudos relevantes sobre concorrência bancária, tem promovido medidas importantes para mitigar a assimetria informacional que caracteriza o setor financeiro. A Resolução 3.401, do Conselho Monetário Nacional, de setembro de 2006, por exemplo, tende a produzir efeitos pró-competitivos ao determinar que as instituições financeiras forneçam a terceiros informações cadastrais de seus clientes, quando por eles autorizados. Não menos importante para estimular a portabilidade das informações cadastrais foi o envio ao Congresso Nacional, pelo Poder Executivo, do Projeto de Lei n. 5.870/2005, que visa disciplinar os bancos de dados de proteção ao crédito.

Conquanto pró-competitivas, tais medidas não são suficientes, do ponto de vista antitruste, para promover, por si sós, um incremento de competitividade no setor financeiro apto a aumentar o volume de crédito ofertado e a reduzir os *spreads* bancários. O estímulo à portabilidade das informações cadastrais pode, de fato, resultar em diminuição da assimetria informacional, favorecendo sobretudo os pequenos e médios consumidores de serviços bancários. Mas para que isso ocorra é preciso supor a ausência de exercício coordenado de poder de mercado, o que deve ser verificado mediante os instrumentos da análise antitruste.

É fundamental, assim, para que se verifiquem as condições necessárias ao incremento da competitividade no setor financeiro, que o Projeto de Lei Complementar, ora em tramitação na Câmara dos Deputados, seja aprovado. Só assim o Sistema Brasileiro de Defesa da Concorrência poderá efetuar, em harmonia com o Banco Central, o controle preventivo das concentrações, bem como apurar as infrações à ordem econômica.

Mas o desafio aos órgãos do SBDC não se resume à aprovação do Projeto de Lei. É preciso, como evidenciado no estudo promovido por SDE/IPEA/ANPEC, refinar os instrumentos de análise concorrencial aplicada ao setor bancário, tanto no que diz respeito ao controle das estruturas como no que se refere à apuração das condutas infrativas. No controle das estruturas, não é possível transpor acriticamente o modelo de análise empregado nos EUA, cujo modelo regulatório difere substancialmente do brasileiro. Não apenas os níveis de concentração são distintos. Diversos são também os tamanhos relativos, as funções e o alcance geográfico das instituições financeiras.

É necessário investigar melhor e em maior profundidade os contornos dos mercados relevantes, tanto na dimensão geográfica como na dimensão produto. É necessário, ainda, examinar com cuidado as barreiras à entrada e as condições de contestabilidade dos mercados, aí incluídas as condições para o ingresso efetivo e tempestivo de novos entrantes. Não menos importante é estudar com maior precisão a possibilidade de exercício de poder de mercado à vista das peculiaridades brasileiras.

Para o controle das condutas infrativas, de outra parte, não basta refinar os instrumentos de análise. É preciso dotar o SBDC de melhores meios para monitorar o setor e iniciar investigações efetivas, que se concluam em período razoável. Espera-se, afinal, que tais avanços institucionais contribuam para o aumento da eficiência dos serviços bancários no Brasil, de modo a que, superados os problemas macroeconômicos e institucionais, voltem a desempenhar um papel relevante para o crescimento econômico.

Bibliografia

ALLEN, F. & GALE, D. Competition and financial stability. *Journal of Money, Credit and Banking*, n. 36, p. 433-480, 2004.

BANCO CENTRAL DO BRASIL, Relatório de economia bancária e crédito, 2005.

BECK, T., DEMIGÜÇ-KUCK & LEVINE, R. Bank, concentration, competition and crises: first results. *Journal of Banking and Finance*, n. 30(5), 1581-1603.

BORRELL, Joan-Ramon. Choosing among American, European or no antitrust at all. Universitat de Barcelona. Disponível em: www.cms.uva.nl/acle/object.cfm/objectid=63E8749E-594B-45D6-84B0E077CFEEF828/download=true.

BOYD, J. H. & DE NICOLO, G. The theory of bank risk-taking and competition revisited. *The Journal of Finance*, n. 3, June. v. LX

BURKE, Edmund. 1795 *Letter to William Elliot, Esq*. Disponível em: http://www.ourcivilisation.com/smartboard/shop/burkee/maxims/works.htm

CAMPILONGO, Celso, ROCHA, Jean Paul, MATTOS, Todescan Lessa. *Concorrência e regulação no sistema financeiro*. São Paulo: Max Limonad, 2002.

CARDIM, Fernando. O papel do Banco Central no processo de regulação financeira. In: CAMPILONGO, Celso, ROCHA, Jean Paul, MATTOS, Todescan Lessa. *Concorrência e regulação no sistema financeiro*. São Paulo: Max Limonad, 2002.

CARVALHO, Fernando j. Cardim de. Estrutura e padrões de competição no sistema bancário brasileiro: uma hipótese para investigação e alguma evidência preliminar. In: DE PAULA, Luiz Fernando e OREIRO, José Luiz (Org.). *Sistema financeiro:* uma análise do setor bancário brasileiro. São Paulo: Campus, 2007.

COMPETITION BUREAU – CANADA. The merger enforcement guidelines as applied to a bank merger, 2003. Disponível em: <www.competitionbureau.gc.ca>. Carlson School of Management, University of Minnesota and the NBER.

DAVIDSON, Paul. *International money & the real world*. MacMillan, 1992.

DAVIS, Howard. *LSE annual lecture on Central Banking*. London School of Economics, March, 4, 1997.

DE PAULA, Luiz Fernando e OREIRO, José Luiz (Org.). *Sistema financeiro:* uma análise do setor bancário brasileiro. São Paulo: Campus, 2007.

EUROPEAN COMMISION. Ínterim Report II, Current Accounts and Related Services, 2006.

FERGUSON JR., Roger. Remarks by Vice Chairman Roger W. Ferguson, Jr. at a European Central Bank colloquium in honor of Tommaso Padoa-Schioppa, The European Central Bank, Frankfurt, Germany, April 27, 2005.

FUKUYAMA, F. *The end of history and the last man*. Free Press, 1992.

GERSCHENKRON, Alexander. *Economic backwardness in historical perspective: a book of essays*. Cambridge, MA: Belknap Press of Harvard University Press, 1962.

GOLDBERG, Daniel K. Notas sobre concorrência no sistema bancário. *Revista de Direito Bancário e do Mercado de Capitais*, n. 23, p. 32-52, 2004.

ICN – INTERNATIONAL COMPETITION NETWORK. An increasing role for competition in the regulation of banks, Antitrust enforcement in regulated sectors, subgroup 1, Bonn, June 2005.

KEYNES, J. M. *Essays in persuasion*. New York/London: W. W. Norton & Company, 1963.

LASTRA, Rosa Maria. Central Banking and banking regulation, LSE Financial Markets Group, 1996.

LEVINE, Ross. Finance and growth: theory and evidence. In: AGHION, Philippe, DURLAUF, Steven (ed.). *Handbook of economic growth*. The Netherlands, Elsevier, 2005.

NAKANE, M. & ALENCAR, L. S. Um exame da concorrência em três produtos bancários. In: BANCO CENTRAL DO BRASIL, Relatório de economia bancária e crédito, 2005.

OECD – ORGANISATION FOR ECONOMIC CO-OPERATION AND DEVELOPMENT. Mergers in financial services, directorate for financial, fiscal and enterprise affairs committee on competition law and policy, DAFFE/CLP (2000) 17.

PINHO DE MELLO, João Manoel. Proposta de delimitação do escopo de análise da SDE em atos de concentração bancários e apurações de conduta, relatório final de projeto apresentado no seminário Estudos em métodos quantitativos aplicados à defesa da concorrência e à regulação econômica, promovido pela SDE, pelo IPEA e pela ANPEC e ocorrido em Brasília de 25 a 28 de abril de 2005.

ROBERTS, Richard. *Finanças internacionais*. Rio de Janeiro: Jorge Zahar, 1999.

ZYSMAN, John. Governments, markets, and growth: financial systems and the politics of industrial change. In: *Cornell studies in political economy*. Cornell University Press, 1983.

Este livro foi composto na fonte Minion, corpo 11 e
impresso em Offset 75g.